Dr. Felicia Rehage / Eiko Weigand

Lassie, Rex & Co.

Der Schlüssel zur erfolgreichen Hundeerziehung

Kynos Verlag

© KYNOS VERLAG Dr. Dieter Fleig Verlag GmbH
Am Remelsbach 30, D-54570 Mürlenbach/Eifel
Telefon: 06594/653, Telefax: 06594/452
Internet-Adresse: www.kynos-verlag.de

5. Auflage 2003

ISBN 3-933228-11-5

Gesamtherstellung: Dr. Cantz´sche Druckerei, 73760 Ostfildern-Ruit

Das Werk einschließlich aller seiner Teile ist urheberrechtlich geschützt. Jede Verwertung außerhalb der engen Genzen des Urheberrechtsgesetzes ist ohne schriftliche Zustimmung des Verlages unzulässig und strafbar. Das gilt insbesondere für Vervielfältigung, Übersetzung, Mikroverfilmungen und die Einspeicherung und Verarbeitung in elektronischen Systemen.

Babiana gewidmet,

einer großartigen Frau, die es stets verstand,
ihre Ängste für sich zu behalten,
wenn ihr Töchterlein
zu den Wölfen
ging.

INHALT

	Zum Geleit	9
	Vorwort	10
1	Sie möchten sich einen Hund anschaffen – Haben Sie sich das auch gut überlegt?...	12
2	400 Rassen und kein Ende... Wie kommt der Mensch zu seinem Hund?	14
3	Oder darf´s ein gedackelter Foxterrier sein?	16
4	Was paßt zu Ihnen: Hündin oder Rüde?	17
5	Sollten wir Kinder zum Welpenaussuchen mitnehmen?	20
6	Von guten und von schlechten Züchtern, von Tests und Tricks	22
7	Prägung, Sozialisation und Lernen: Warum ist eine gute Kinderstube so wichtig?	25
8	Und welchen Welpen nehmen wir nun?	28
9	Wie alt sollte der Welpe beim Kauf sein?	30
10	Die Welpenausstattung: 10 Dinge, die Sie brauchen werden	32
11	Hurra! Der Welpe ist da!...	34
12	Wie überstehen wir die erste Nacht?	36
13	Ein Erziehungskonzept muß her!	38

14	Die Sprache der Hunde: (k)ein Buch mit sieben Siegeln	44
15	Angeborenes Verhalten: Was ist das, wer hat das und wo kommt es zum Tragen	46
16	Sitten und Gebräuche im Wolfsrudel und was sie für uns bedeuten	49
17	Lernverhalten bei Hunden: Das Prinzip des unmittelbaren Erfolgs	60
18	Wo soll der Welpe schlafen?	63
19	Ein kleines Nest fürs Hundekind: die Box	66
20	Hunde im Zwinger und was davon zu halten ist	68
21	Welpen wollen unter Menschen!	70
22	Welpen wollen unter Hunde!	72
23	Wie wird der Welpe stubenrein?	76
24	Belohnung und Strafe und was davon beim Hund ankommt	79
25	Das Prinzip der anonymen Bestrafung	84
26	Wozu Unterordnungsübungen?	86
27	Die Dinge, die er schon kann: „Sitz!" und „Platz!"	90
28	„Warte!": Das Kommando, das keines ist	96
29	„Komm her!" Kleine Sache mit großen Tücken	100
30	Die Fütterung aus der Hand: Wie, wann und wozu?	104
31	Sinnvolle Beschäftigung und das Hundchen-mag-nicht-alleine-bleiben-Problem	106
32	Die Leinenführigkeit: Erziehung statt Gehhilfen	109
33	„Naah!" und „Aus!": der feine Unterschied	113
34	Die tägliche Körperpflege	117
35	„Bei Fuß!": der absolute Ernstfall	120
36	„Gib Laut!", „Flüster!" und „Still!"	126
37	Warum nicht mit den Wölfen heulen?...	128
	Schlußwort	130
	Danksagung	132
	Register	133
	Literatur	138

Zum Geleit

Lassie, Rex und Beethoven – so einen Hund haben Sie sich schon immer gewünscht! So ein kluges Tier! Es weiß doch stets ganz genau, was zu tun ist, hilft ganz aus sich heraus seinem Herrchen oder Frauchen, wann immer sie in Verlegenheit geraten. Und diese Hunde sind ja so intelligent!

Diese Klugheit unserer Filmhunde spiegeln unsere Tierheime! Nach jedem neuen, fantasiereichen Kinohit werden tausende von Welpen von den falschen Menschen aus unsinnigen Überlegungen gekauft – und viele, sehr viele werden nach sechs oder neun Monaten in unseren Tierheimen abgeliefert – sie waren eben nicht so klug wie Rex oder Lassie.

Ihr Hund beherrscht auch keine Kunststücke, fällt immer wieder einmal auf – durch weniger perfekten Gehorsam – Mißverständnisse zwischen Mensch und Hund? Dann sollten Sie dieses Buch aufmerksam lesen, seine Ratschläge beachten. Als es auf meinen Schreibtisch kam, war mein erster Eindruck – endlich einmal eine Autorin, die dem Hundebesitzer mit gesundem Menschenverstand, viel fundiertem Wissen und reichen Erfahrungen einen klaren Weg aufzeigt – zum Verständnis unserer Hunde, zur fröhlichen und klaren Einordnung in die menschliche Familie und unsere immer komplizierter werdende Umwelt. Und dies mit so viel Charme und Einfühlungsvermögen – wie dies vielleicht nur eine Frau – und kluge Tierärztin – vermag.

Fasziniert haben mich die bunten Illustrationen, sie lösen immer wieder ein Schmunzeln aus, tragen wesentlich dazu bei, Wissen und Erfahrung der Autorin mit einem Lächeln aufzunehmen, vertiefen das Verständnis. Ein modernes Buch zum spielerischen Lernen und Begreifen!

Zahlenmäßig besteht bestimmt kein Mangel an Büchern über Hundeerziehung. Lassie, Rex & Co. ist aber ein ganz besonderes Erziehungsbuch! Es lehrt den Hundefreund zu denken, wie sein Hund denkt, seine ganze Erfahrung darauf abzustellen. Ein charmantes, kluges Buch für moderne Hundefreunde. Greifen Sie den Schlüssel zur modernen Hundeerziehung – er erschließt Zwei- und Vierbeinern wechselseitiges Verstehen.

Im Mai 1999 **Dr. Dieter Fleig**

Vorwort

Kennen Sie das? Sie haben sich einen Welpen angeschafft oder Sie haben es auch nur vor. Sie informieren sich gründlich und gewissenhaft über Fragen der Erziehung des neuen Hausgenossen. Oder versuchen es zumindest. Sie lesen Fachliteratur. Sie wälzen Erziehungsbücher. Kiloweise. Sie fragen Bekannte, die selbst einen Hund haben, und kommen aus dem Staunen nicht heraus, wie viele Experten sich mit einem Mal auf diesem Gebiet tummeln.

Jeder hat irgendeinen todsicheren Tip, wie man dem Hund dieses oder jenes beibringen kann, soll und muß, jeder scheint zu wissen, wie man mit ihm in dieser oder jener Lebenslage umzugehen hat. Einige dieser Ratschläge widersprechen sich allerdings.

Andere sind zum Teil nicht nachzuvollziehen. Oder sie scheinen leider gerade bei Ihrem Tier irgendwie nicht zu funktionieren. Oder aber der Effekt ist nicht ganz der gewünschte...

Dabei wollen Sie nichts anderes, als mit Ihrem Hund in Eintracht leben. Sie wollen, daß er Sie und Ihre Familie mag und sich bei Ihnen wohl fühlt. Daß er ein fröhlicher, friedlicher und zufriedener Zeitgenosse wird, mit dem das Leben einfach Spaß macht.

Sie wollen, daß er Ihnen gehorcht und das nach Möglichkeit sogar gerne. Sie haben nicht vor, ihn einem militärischen Drill zu unterziehen, aber es wäre schön, wenn er einige Dinge beherrschte und man ihn jederzeit überallhin mitnehmen könnte, ohne daß man sich bis auf die Knochen blamiert bzw. das Ganze in Streß ausartet.

Sie wünschten sich (und auch ihm), daß man ihn auch ohne Leine laufen und sich nach Herzenslust austoben lassen könnte, ohne Angst haben zu müssen, daß er Ihnen jedes dahergelaufene Karnickel vorzieht und einfach wegrennt. Womöglich über die Bundesstraße...

Sie haben keine Lust auf Dauerstreß, wenn es einmal an der Tür klingelt, oder auf eine Zitterpartie, wenn Sie beim Gassigehen anderen Hunden oder friedlichen Spaziergängern begegnen. Und schon gar nicht möchten Sie Angst haben müssen, daß Ihr Hund Kindern gegenüber aus der Rolle fällt. Wenn er dann noch Jogger und Radfahrer unbehelligt ließe, wäre das Ganze geradezu himmlisch...

Das ist doch nicht zu viel verlangt, oder?... Aber: Wie kommt man dahin?

Einfach. Wirklich ganz einfach! Allerdings können Ihnen dabei keine kochrezeptartigen Dressuranleitungen helfen. Und schon gar kein Zwang oder Gewalt. Sondern wirkliches Verständnis. Das Wissen darum, was in Ihrem Hund gerade vorgeht, was er denkt, wie er Sie und die Welt erlebt und warum er in einer bestimmten Situation gerade so und nicht anders reagiert und auch nicht anders reagieren kann.

Wenn wir Menschen die andersartige, einfache und doch so konsequente Denkweise unserer Hunde gelten lassen, wenn wir aufhören, ihnen unsere Moralvorstellungen und Wertbegriffe überzustülpen, wenn wir gar anfangen, die Welt mit ihren Augen zu sehen, mit einem Wort: Wenn wir sie wirklich verstehen lernen, dann, und nur dann, wird dieses Experiment ein Erfolg. Für uns und für unseren Hund.

Und abgesehen davon, wir können auf diese Weise ein großartiges Abenteuer erleben. Eines der letzten großen Naturerlebnisse, die uns die heutige zivilisierte Welt noch bietet:

Das Zusammenleben mit einem Hund.
Freuen Sie sich darauf!

1

Sie möchten sich einen Hund anschaffen? Haben Sie sich das auch gut überlegt ...

Das Zusammenleben mit einem Hund ist eine wunderbare, einfache, erfreuliche Sache. Behaupte ich. Aber vermutlich nicht für jeden von uns.

Denn stellen Sie sich vor, in den nächsten 12 oder 15 Jahren täglich mindestens dreimal spazierengehen zu müssen. Auch wenn es stürmt. Auch wenn es wie aus Eimern schüttet. Auch sonntags morgens, wenn jeder normale Mensch noch wohlig in den Federn liegt. Zu Anfang sogar womöglich mitten in der Nacht...

Stellen Sie sich vor, daß Hundehaare in allen Ecken Ihrer Wohnung, auf allen Polstern liegen. Daß Sie fast täglich saugen und wischen müssen, und daß der Sauberkeitspegel Ihrer Behausung trotzdem nie wieder den Stand erreicht, den Sie von früher gewohnt sind. Von Matschtatzen im Flur und auf den Küchenfliesen ganz zu schweigen...

Stellen Sie sich vor, daß Sie Ihr letztes bißchen Freizeit Ihrem neuen Mitbewohner und seiner Erziehung widmen müssen, um Flausen in seinem Kopf vorzubeugen und seine kleine Hundeseele gesund zu erhalten...

Stellen Sie sich vor, daß in Zukunft wahrscheinlich angenagte, glibberige und mit Flusen angereicherte Kauknochen in den unmöglichsten Ecken Ihrer Wohnung liegen...

Addieren Sie dazu einige Paar zerkaute Schuhe, die in der ersten Zeit anfallen (aus irgendwelchen Gründen trifft es immer die, die man besonders gerne trägt. Pardon, trug. Vorher.), etliche umgebuddelte Blumentöpfe und vielleicht noch einige angenagte Möbel...

Sie wollen immer noch? Ganz sicher?...

Dann sind Sie die/der Richtige! Dann wollen wir es also angehen, das Abenteuer.

2

400 Rassen und kein Ende...
Wie kommt der Mensch zu seinem Hund?

Wie man zu einem Hund kommt? Nichts einfacher als das: Man sieht irgendwo einen Wurf süßer, kleiner, flauschiger und tolpatschiger Hundekinder und schon hat man eines davon. Weil: „Guck mal, wie der guckt! Ist der nicht niedlich!..." oder „Mutti, Mutti, er ist gleich zu mir gekommen! Ist er nicht süüüüß?..."

Klar ist er süß, und wie! Diese riesigen Pfoten! Diese Ohren! Dieses Schnäuzchen!

Und wie neugierig und vorwitzig er ist... oder kuschelig-verschmust... oder so herzerweichend schüchtern...

Also jetzt mal ehrlich: Hundebabys sind unwiderstehlich, da wollen wir uns nichts vormachen. Wer könnte also eine solch spontane Reaktion nicht verstehen? Aber was ist, wenn sich das Flauschknäuel nach kaum anderthalb Jahren als 60-kg-Rottweiler entpuppt, mit dem in der Familie keiner mehr fertig wird? Oder das langbeinige, kastanienbraune Etwas zufällig ein Irischer Setter war, der täglich gut und gerne drei Stunden am Fahrrad laufen möchte, um gleich anschließend mit der Frisbeescheibe im Maul vor einem zu stehen: „Was, du bist schon müde?..." Oder das kleine, anfänglich etwas zurückhaltende Wesen zu einem waschechten Terrier heranwächst, der den ganzen Tag „Äktschn" braucht und notfalls selber macht?...

Wenn man bedenkt, daß man mit solch einem Tier, so Gott will, etwa 15 Jahre seines Lebens unter einem Dach verbringen wird (was statistisch gesehen länger ist, als eine durchschnittliche Ehe heutzutage hält), kommt man leicht zu dem Schluß, daß es vorteilhaft sein kann, die Sache ruhig mit Vorbedacht anzugehen. Denn, ganz abgesehen von optischen Gesichtspunkten, unter den knapp 400 heute registrierten Hunderassen ist für jeden etwas dabei:

Quirle und Schlafmützen, Seelchen und Draufgänger, Kläffer und Schweiger, Everybody`s-darlings und typische One-man-dogs, sanfte Riesen und beherzte Zwerge. Mit ein bißchen Geduld und Mühe kann sich jeder angehende Hundehalter den Hund aussuchen, der ihm (auf Dauer) gefällt und mit dem er wirklich glücklich werden kann. Erkundigen Sie sich also zunächst einmal, welcher Hund zu Ihnen passen könnte. Informieren Sie sich über die verschiedenen Hunderassen, ihren Charakter, ihren Bewegungsbedarf und ihre Besonderheiten. Verlassen Sie sich dabei nicht auf Bücher wie „1001 Hunderassen" etc. Die Beschreibung der einzelnen Rassemerkmale, besonders der Wesensmerkmale,

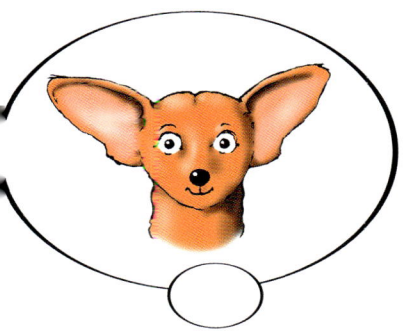

ist darin nämlich oft so verschlüsselt wie Zeugnisse von Arbeitgebern. Was da als „lebhaft" umschrieben wird, können Sie durchaus als nervig empfinden. „Lauffreudig", das Thema hatten wir schon, kann drei Stunden tägliches Radeln heißen und das bei Wind und Wetter... Was für eher häusliche Menschen mit ausgeprägtem Sinn für Behaglichkeit nicht das einzig Seligmachende

sein muß. Oder Sie suchen sich etwas aus, was „Mut und Charakter" verspricht und „seinen Herrn entschlossen verteidigt", schade nur, wenn das Tier später selbst Ihren Besuch vom Grundstück vergrault... Und so weiter. Also: Fragen Sie jemanden, der etwas davon versteht. Das kann ein erfahrener Hundeausbilder sein, oder sonst irgend jemand, der viel mit verschiedenen Hunderassen zu tun hat. Oder Sie fragen eine Tierärztin oder einen Tierarzt. Die wissen mit Sicherheit, wovon sie sprechen, schließlich müssen sie mit den Eigenarten der verschiedenen Rassen täglich zurechtkommen. Außerdem können sie Ihnen auch darüber Auskunft geben, ob Sie bei einer bestimmten Rasse mit eventuellen Gesundheitsproblemen rechnen müssen und wenn ja, mit welchen.

Übrigens, wußten Sie schon? Man kann und sollte einen Haustierarzt* haben, bevor man einen Hund hat. Die möglichen Kosten einer Vorab-Beratung wären auf die nächsten Jahre gesehen sicherlich eine überaus kluge Investition.

---

* Inzwischen ist ein großer Teil meiner Tierarztkollegen weiblichen Geschlechts. Tendenz zunehmend. Da ich es dennoch für zu mühsam und überdies für albern halte, immer wieder „Ihr(e) Tierärztin/Tierarzt" zu schreiben, erlaube ich mir, den Ausdruck „Tierarzt" im weiteren als eine bloße Berufsbezeichnung zu verwenden. Meine Kolleginnen, die für unseren Beruf übrigens Großartiges leisten, mögen großzügig darüber hinwegsehen.

3

Oder darf´s ein gedackelter Foxterrier sein?

Viele Menschen sind überzeugt davon, daß Mischlingshunde eine unverwüstliche Gesundheit haben. Das stimmt nur zum Teil. Nämlich genau zu dem, den die Mendelschen Gesetze der Vererbungslehre vorsehen. Nie gehört? Macht nichts, denn sie besagen nichts anderes, als daß Jungtiere ihre Eigenschaften immer von Vater <u>und</u> Mutter erben, zu je einer Hälfte. Um Ihnen die Sache mit dominanten und rezessiven Genen, mit Geno- und Phänotypen, etc., zu ersparen, werde ich mir an dieser Stelle erlauben, das Ganze völlig unwissenschaftlich abzukürzen und Ihnen das Endergebnis mitzuteilen: daß nämlich ein Mischlingshund, wenn er Pech hat, gesundheitliche Probleme seines Vaters und seiner Mutter erben kann. Eine nicht-blaublütige Abstammung macht eine gewisse Robustheit also etwas wahrscheinlicher, sie garantiert sie jedoch nicht.

Ganz sicher ist dagegen eines: Mischlinge sind einmalig! Und außerdem das reinste Überraschungspaket: Niemand weiß ganz genau, was aus dem Welpen einmal werden soll. Allein dadurch haben sie für manche Menschen einen ganz besonderen Reiz. Und Charme haben viele von ihnen außerdem, und nicht nur das: So mancher Mischling ist ein wahrer Prachtkerl und eine richtige Hundeschönheit!

Was paßt zu Ihnen: Hündin oder Rüde?

Für viele Hundehalter steht es von vornherein fest: Sie würden sich nur für einen Rüden oder nur für eine Hündin erwärmen können. Dann ist ja alles klar.

Für diejenigen unter Ihnen, die unschlüssig sind, hier einige Aspekte, die Ihnen bei dem jeweiligen Geschlecht des Tieres zumindest bekannt sein sollten:

Hündinnen

Wesen und Erziehung
Hündinnen sind im allgemeinen sanfter, weicher, anschmiegsamer im Wesen als Rüden und leichter zum Gehorsam zu erziehen. Sie sind auch, was ihre Stellung in der Dominanzhierarchie in der Familie anbetrifft (das heißt: „Wer ist hier der Boß im Haus?") nicht ganz so ehrgeizig wie Rüden.

Sozialverhalten Artgenossen gegenüber
Sie neigen - Ausnahmen bestätigen die Regel - seltener zu Raufereien mit anderen Hunden als ihre männlichen Artgenossen.

Medizinische Aspekte
Sie werden im Durchschnitt zweimal im Jahr läufig und viele von ihnen anschließend auch noch scheinschwanger, so daß da einige kompliziertere Wochen auf Sie zukommen können, wenn die Läufigkeit nicht unterbunden wird. Zum einen hat man das Scheidenbluten in der ersten Hälfte der Läufigkeit, dann in der Stehphase (das ist die Zeit, in der sich die Hündin

decken lassen würde) die Neigung, sich mit allen möglichen und unmöglichen Artgenossen männlichen Geschlechts einzulassen. Im Falle einer Scheinschwangerschaft (siehe Kapitel 16), die man treffender „Scheinmutterschaft" nennen könnte, bildet das Gesäuge der Hündin Milch, gerade so, als ob sie Welpen hätte. Viele Hündinnen bauen in dieser Zeit ein Nest, „adoptieren" Stofftiere, Pantoffeln, etc. als Ersatzwelpen, die sie hegen und pflegen. Sie mögen kaum noch außer Haus gehen, um die „Welpen" nicht alleinlassen zu müssen, oder sie brechen ihren imaginären Kindern Futter vor. Alles in allem können sie ihren besorgten Besitzern in dieser Zeit ausgesprochen „sonderbar" oder gar „irgendwie kränklich" erscheinen.

Gesundheitsvorsorge
Die Möglichkeiten der Läufigkeitsverhütung sind zum einen die regelmäßige Gabe von Hormonspritzen, zum anderen die Kastration. Hormonspritzen bieten den Vorteil der

einfachen Durchführung (etwa alle 5 Monate beim Tierarzt) und des günstigen Preises. Der Nachteil ist die durch die hormonelle Manipulation etwas erhöhte Möglichkeit einer Gebärmutterentzündung, einer sehr ernsten Erkrankung bei Hündinnen, die in der Regel nur operativ behandelt werden kann.

Die Kastration, bei der die Eierstöcke und in der Regel auch die Gebärmutter operativ entfernt werden (daher die Bezeichnung „Kastration" im Gegensatz zum fälschlich verwendeten Begriff „Sterilisation", bei der lediglich die Eileiter durchtrennt würden mit dem Ergebnis, daß das Tier nach wie vor läufig und lediglich nicht mehr trächtig würde), bietet den großen Vorteil, daß damit das Thema Läufigkeit und Scheinschwangerschaft ein für allemal abgehakt sind. Sie wirkt vorbeugend gegen Gesäugetumore, und zwar um so mehr, je früher sie durchgeführt wird. Das ist wohl in der Tat der größte Vorzug der (frühzeitigen) Kastration. Natürlich kann die gefürchtete Pyometra, also eine Gebärmutterentzündung, nicht mehr auftreten, wenn die Gebärmutter gleich mitentfernt wurde.

Die Nachteile der Operation: Sie wird in Vollnarkose durchgeführt, es besteht also ein theoretisches Narkoserisiko. Es ist die entsprechende OP-Nachsorge zu gewährleisten, wobei die ersten 2-3 Tage für alle Beteiligten etwas schwieriger sein können. Danach ist in der Regel das Gröbste überstanden. Natürlich bringt solch ein Eingriff auf einen Schlag höhere Kosten mit sich als die Hormonspritzen. Besonders bei Hündinnen großer Rassen ist später Harninkontinenz möglich, die sich jedoch in den meisten Fällen mit einem täglich verabreichten Medikament gut behandeln läßt. Bei einem Teil der Tiere treten Fellveränderungen auf, sie bekommen ein sogenanntes „Babyfell". In sehr seltenen Fällen kommt es zu chronischem Haarverlust. Dieses Phänomen ist beschrieben, jedoch so selten, daß ich es in eigener Praxis bisher noch nie beobachtet habe. Die allseits gefürchtete Gewichtszunahme kastrierter Hündinnen ist nicht schicksalhaft. Da nicht die Kastration dick macht, sondern die Kalorien, tritt sie bemerkenswerterweise immer dann auf, wenn Besitzer davon überzeugt sind, daß kastrierte Hündinnen dicker werden. Es ist wie eine sich selbst erfüllende Prophezeiung. Bei vernünftiger Ernährung bleibt natürlich auch eine kastrierte Hündin schlank.

Rüden

Wesen und Erziehung

Rüden sind im allgemeinen „kerniger" im Wesen und daher oft nicht ganz so leicht zu leiten. In der Familie kann sich die Rangzuweisung dominant veranlagter Rüden entsprechend schwieriger gestalten. Aber gerade diese „Kernigkeit" macht männliche Hunde für viele Menschen so attraktiv. Hinzu kommt, daß bei einigen Rassen, wie bei Rottweilern, Settern, Vorstehhunderassen und anderen, die Rüden deutlich größer, stärker, imposanter sind als die weiblichen Tiere.

Sozialverhalten Artgenossen gegenüber

Viele von ihnen sind ziemliche Rowdies und daher ständig in Raufereien mit anderen Rüden verwickelt.

Medizinische Aspekte

Rüden sind (oder wären es zumindest gerne) das ganze Jahr über sexuell aktiv, so daß sie in der Nähe läufiger Hündinnen manchmal Anzeichen einer gewissen Unzurechnungsfähigkeit zeigen, wie Schlecht- (oder Gar-nicht-mehr) Hören, Ausbüxen, etc, oder aber regelrechte Depressionen mit Freßunlust und ständigem Jaulen. Im Alter neigen viele von ihnen zu Prostataerkrankungen und zu Geschwülsten der Analgegend.

Gesundheitsvorsorge

Diese Alterskrankheiten und die jahrelange Frustration, mit der die meisten Rüden mangels Gelegenheit zum Decken leben müssen, lassen sich durch die Kastration oder durch regelmäßige Hormongaben verhindern.

Allerdings ist bei uns in Europa der Gedanke, daß „dem Rüden dann ja etwas fehlen muß", noch weit verbreitet. Das geht so weit, daß, wie ich es aus Beratungsgesprächen in meiner Praxis kenne, gerade männliche Tierbesitzer schon beim bloßen Gedanken daran in der Körpermitte leicht einknicken. Auf jeden Fall geht es bei einer möglichen Kastration um eine komplexe Frage, bei der gesundheitliche, psychologische und verhaltenstherapeutische Gesichtspunkte eine Rolle spielen. Bei einer Abwägung aller Für- und Wider-Aspekte dürfte deshalb eine umfassende Beratung durch Ihren Haustierarzt eine große Hilfe sein.

Sollten wir Kinder zum Welpenaussuchen mitnehmen?

Jeder, der mit seinem Kind schon einmal junge Hunde besichtigt hat, weiß: Am Ende gibt es rein rechnerisch zwei Möglichkeiten. Entweder man hat ein heulendes Kind oder ein glückliches und dazu einen Hund.

Aber jetzt stellen Sie sich einmal folgende Situation vor: Sie haben sich mit Ihrem Kind zusammen einen Welpen ausgesucht und abgeholt. Das Kind ist über alle Maßen glücklich und stolz. Sie zeigen den Hund Ihrem Tierarzt und das womöglich erst nach einigen Tagen, nachdem sich Kind und Hund so richtig aneinander gewöhnt haben. Ihr Veterinär untersucht den kleinen Kerl, tastet, guckt, hört ab, denkt nach, untersucht noch mal... „Was hat der Mensch bloß?" denken Sie, und dann kommt's: „Ihr Welpe hat leider einen angeborenen Herzfehler. Es tut mir wirklich leid! Wir können eine Behandlung versuchen... Aber, wenn ich ehrlich sein soll, eigentlich sollten Sie ihn besser zurückgeben." Jetzt ist guter Rat teuer... Wer soll das dem Kind sagen? Und wie?...

Ich gebe zu, daß das obige ein extremes Beispiel ist. Diese Situation kommt aber leider immer wieder vor, sogar viel häufiger, als man annehmen möchte. Und wenn sie eintritt, ist die Katastrophe perfekt.

Natürlich sind nicht alle Befunde, die der Tierarzt eventuell erhebt, so schwerwiegend. Häufig geht es um relativ kleine Sachen wie z.B. um einen Nabelbruch, der mit einer vergleichsweise einfachen Operation zu beheben ist, einen nicht abgestiegenen Hoden oder um einen Gebißfehler, der vielleicht nur ein Schönheitsfehler ist. Oder um noch „harmlosere" Dinge: Das Tier besitzt einen Impfpass, und da ist sogar ein hübscher Stempel drin. Es ist dennoch so gut wie nicht geimpft, weil es vielleicht nur eine kleine, vergleichsweise billige sogenannte Baby-Impfung war... Oder der Welpe ist gar nicht oder nicht oft genug oder unsachgemäß entwurmt worden.

Daher mein Rat: Versuchen Sie, die Dinge so einzurichten, daß Ihre Kinder den neuen Hausgenossen erst dann kennenlernen, wenn ihn Ihr Haustierarzt sozusagen „abgesegnet" hat.

Das heißt also im Klartext:

1. Suchen Sie den Welpen ohne Ihre Kinder aus.

2. Stellen Sie ihn vor einer endgültigen Kaufzusage nach Möglichkeit zunächst Ihrem Haustierarzt vor. Züchter, die sich ihrer Sache sicher und auf ihre Hunde stolz sind, werden gegen eine solche Vorsichtsmaßnahme nichts einwenden. Hundehändler, Massenzüchter und sonstige Finsterlinge werden Sie schon bei der Erwähnung Ihres Anliegens lauthals schimpfend für vollkommen verrückt erklären. Na ja, von denen brauchen Sie sich ja auch keinen Hund zu kaufen, oder?

3. So, jetzt kann der Welpe mit nach Hause. Ich gebe zu, den Kindern entgeht auf diese Weise die Vorfreude, was natürlich schade ist. Dafür wird es keine unliebsamen Überraschungen, Enttäuschungen und vermeidbare Trauer geben. Und daß der Welpe Ihrem Kind womöglich irgendwie nicht gefallen könnte, na, davor brauchen Sie nun wirklich keine Angst zu haben!...

Von guten und von schlechten Züchtern, von Tests und Tricks

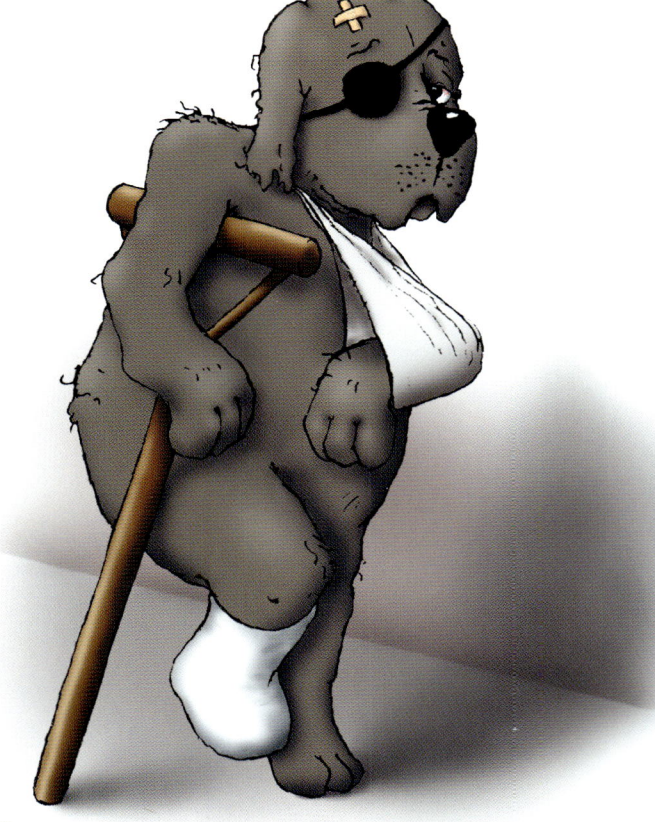

Wir nehmen einmal an, daß Sie sich für eine bestimmte Rasse entschieden haben. Die Frage, ob es denn ein Rüde oder eine Hündin sein soll, ist geklärt. Ihr Traumhund hat eine auf Ihre Wohnung abgestimmte Größe und ein auf das Ihre abgestimmtes Temperament. Er braucht genau so viel Bewegung, wie Ihnen der Arzt verordnet hat, und seine Fellfarbe sticht nicht allzusehr von der der Auslegeware ab, das spart, nämlich enorm viel Staubsaugen. Aber jetzt mal Scherz beiseite, woher nehmen Sie ihn, den Welpen? Wie finden Sie einen guten Züchter? Und was ist das überhaupt, ein „guter Züchter"?

Nun, er betreibt die Hundezucht aus Liebhaberei und nicht als Erwerbsquelle. Er züchtet in der Regel nur eine einzige Rasse, und die Mutterhündinnen leben mit ihm in familiärer Gemeinschaft.

Er wird Sie sehr genau und kritisch in Augenschein nehmen. Lassen Sie sich davon nicht irritieren, schließlich muß er wissen, wem er seinen Welpen anvertraut. Andererseits zeigt er sich durch Ihre kritischen Fragen auch nicht beleidigt, ganz im Gegenteil. Er ist froh, keinen Unbedarften vor sich zu sehen, sondern einen informierten, engagierten Menschen, dem er getrost eines seiner geliebten Tierchen abgeben kann. Wie gesagt, für ihn ist das nicht nur ein Geschäft, selbst dann nicht, wenn der Welpe für Ihre Begriffe als Käufer teuer ist. Eine seriös und mit Liebe betriebene Zucht bringt viele Ausgaben mit sich: die Aufzucht und Ausbildung der Mutterhündin, ihre Präsentation auf Hundeausstellungen, ärztliche Untersuchungen, HD-Röntgen usw.

Die offizielle Zuchtzulassung, die Deckgebühren, die medizinische Betreuung der tragenden Hündin und der Geburt, Untersuchungen, Wurmkuren, Impfungen der Welpen und Futterkosten summieren sich am Ende so auf, daß dabei selbst bei hohen Welpenpreisen in der Regel gar nicht so viel übrigbleibt.

Es gibt auf diesem Sektor leider sehr viel unseriöse Geschäftemacherei. Daher werde ich Sie an dieser Stelle mit einigen der geläufigsten Tricks der schwarzen Schafe der Branche bekannt machen.

Sicherlich würden gerade Sie, ein gut informierter Zeitgenosse, sich niemals bei einem offensichtlichen Massenzüchter einen Welpen aussuchen. Die Zustände in solchen „Welpenproduktionsanlagen" sind aus den Medien hinlänglich bekannt, genauso wie die Tatsache, daß jeder Kauf eines Hundes aus solch einem „Betrieb" letztlich dazu beiträgt, das System zu erhalten. Viele Menschen möchten die Welpen natürlich am liebsten gleich körbeweise mitnehmen, einfach, um ihnen ein gutes Zuhause zu geben und um sie aus dem Elend zu retten. Nur: Für jedes Hundekind, das man solch einem „Erzeuger" abnimmt, kommen viele weitere nach...

Aber was ist mit den nicht offensichtlichen Massenzüchtern mit der hübschen familiären Fassade? Oder gar mit Hundehändlern?

Laut Gesetz kann bei uns in Deutschland jeder mit Welpen, wie mit einem x-beliebigen Produkt, Handel treiben. Die Voraussetzungen dafür sind lediglich ein Gewerbeschein und akzeptable Räumlichkeiten. Dies halte ich für eine Absurdität in der Gesetzgebung eines zivilisierten Landes, aber mit diesen juristischen Fakten müssen wir zur Zeit noch leben.

Besagte Herrschaften betreiben das Geschäft häufig richtig professionell und im großen Stil. Sie verfügen oftmals über eine gut geführte Anlage. Zum Vorzeigen. Ein sauberer Zwinger mit zwei-drei gut gepflegten Hündinnen im Garten oder sogar die Hündinnen mit im Haus. Bloß, daß diese nicht notwendigerweise die Mütter der Welpen sein müssen. Diese stammen nämlich häufig von Gott-weiß-woher. Sie werden irgendwo, vielleicht im Ausland oder beim Hundegroßhändler (Ja, auch so etwas gibt es!), billig eingekauft. Sie sind unter dubiosen Umständen gezüchtet worden und haben vielleicht einen langen Transport hinter sich. Daß sie meistens verwurmt sind, ungenügend oder gar nicht geimpft oder sogar krank, liegt in der Natur der Sache.

Deshalb mein Rat: Schauen Sie sich die Hündin, die Sie als Mutter präsentiert bekommen, genau an. Ist da überhaupt so etwas wie ein Gesäuge? Benimmt sie sich zu den Kleinen wie eine Mutter? Oder ist sie am Ende eine dieser Vorzeigehündinnen, die auf wundersame Weise alle paar Wochen einen neuen Wurf Welpen „ihr eigen" nennen? Wenn das Muttertier gar „momentan verhindert" ist („Der Schwager geht gerade mit ihr spazieren. Sie werden vor vier Stunden nicht wieder da sein. Aber

wenn Sie warten möchten..."), dann warten Sie entweder vier Stunden oder sagen Sie dem Burschen geradeheraus, daß er bitte seine Oma verladen möge und nicht Sie.

Vielleicht erscheinen Ihnen diese Warnungen übertrieben. Ich habe jedoch die Erfahrung gemacht, daß Hundehändler und -vermehrer vor nichts zurückschrecken, und daß die intelligentesten Menschen eine verblüffende Naivität an den Tag legen und auf die plumpesten Tricks hereinfallen, wenn sie einen Wurf Welpen vor sich haben. Und das ist natürlich gerade das, worauf dieses ganze miese Gewerbe setzt.

Papier ist geduldig. Sogar Ahnentafeln und Impfpässe sind es mitunter. Wie bereits erwähnt, es gibt Impfpässe mit Stempeln darin, die lediglich bedeuten, daß der Welpe eine kleine, billige Passiv- oder Teilimpfung erhalten hat und in Wahrheit sämtlichen Hundekrankheiten gegenüber so gut wie schutzlos dasteht. Kaum ein Laie hat auch nur die Chance zu erkennen, was der Stempel in solch einem Impfpass bedeutet oder auch gerade nicht bedeutet. Auf den Trick mit „Der Welpe ist geimpft, es liegt nur im Moment kein Impfpass vor" will ich gar nicht weiter eingehen. Zu jedem geimpften Tier gehört ein Impfpass. Und der hat vorzuliegen. Oder der Welpe ist eben doch nicht geimpft.

Mit den Ahnentafeln ist es auch so eine Sache. Es gibt wunderhübsche, sehr offiziös aussehende Papiere von angeblichen Züchtervereinen, die in Wirklichkeit nur Briefkastenfirmen sind. Wenn der jeweilige Verein Mitglied im VDH ist, dem Verband für das Deutsche Hundewesen e.V. in Dortmund, liegen Sie richtig. Ansonsten sollten Sie sich erst sehr genaue Erkundigungen einholen. Um Mißverständnissen vorzubeugen: Es gibt traumhafte Hunde, die nie Papiere besaßen. Aber es gibt auch viele geschundene, kranke, schlecht gezogene Tiere, deren „Ahnentafeln" solider aussehen als die eines englischen Landadeligen und dennoch nicht das Papier wert sind, auf das sie gedruckt wurden.

Dann gibt es noch die verschiedenen Erb- und auch aufzuchtbedingten Krankheiten, wie Herzmißbildungen, Gebißfehler, Nabelbrüche, Gelenkprobleme, etc., die Ihnen als zukünftigem Besitzer zumindest bekannt sein sollten. Schließlich ist es Ihr gutes Recht, selbst zu entscheiden, ob Sie ein solches Tier mit all den Problemen, Sorgen und Kosten, die damit unter Umständen auf Sie zukommen können, auch wirklich haben wollen. Sie können diese Defekte als Laie nicht gut feststellen. Und nicht jeder Züchter wird sie Ihnen auf die Nase binden.

Deshalb mein Rat: Lassen Sie sich seriöse Züchter von Freunden, Bekannten oder von Ihrem Tierarzt empfehlen. Oder erkundigen Sie sich bei den Welpenvermittlungsstellen des VDH. Hundezüchter, die Mitglieder dieser Organisation sind, haben deren Richtlinien und unterliegen somit ihrer Kontrolle.

Auf diese Weise werden Sie **Ihren** Züchter finden, einen Menschen, der **Ihren** Welpen mit Sorgfalt, Kompetenz und Liebe gezogen, medizinisch versorgt, sozialisiert, geliebt, verwöhnt und betüddert hat... Der ihn nicht als einen Handelsartikel, gewissermaßen als Ware, sondern als das angesehen hat, was er ist: ein wunderbares, schutz- und liebebedürftiges kleines Lebewesen.

7

Prägung, Sozialisation und Lernen:
Warum ist eine gute Kinderstube so wichtig?

Stellen Sie sich bitte einmal vor, Ihr zukünftiger Hausgenosse stammt aus sehr ruhigen, gesitteten Verhältnissen. Zum Beispiel aus dem Haushalt eines netten, ordentlichen älteren Ehepaares. Die Leute sind immer herzlich und sie befassen sich viel mit den Welpen. Aber sie sind stets behutsam und leise, denn „die Hündin und die Kleinen sollen ja nicht gestört werden"... Entsprechend selten kommt Besuch, von Kinderbesuch ganz zu schweigen, denn „das möchte man den Kleinen ja nun wirklich nicht zumuten". Auch sonst geschieht nichts Unerwartetes.

Nun, ein Hund aus einem solchen Haushalt wird sich mit lauten Geräuschen, unübersichtlichen Situationen und fremden Menschen sein Leben lang schwer tun. Denn durch die gutgemeint-behutsame Aufzucht hat er nicht gelernt, mit Streß umzugehen.

Jetzt stellen Sie sich einmal vor, Ihr Welpe wurde in einem durchschnittlichen Haushalt geboren und verbrachte seine ersten Lebenswochen sozusagen „unter dem Küchentisch", also in der Familie. Mitten drin. Da klingelt das Telefon, da kommt Besuch, und jeder will die Welpen sehen und auch mal streicheln, wie das halt so ist. Da schreit auch mal einer „Muttiii, wo sind meine Fußballschuhe?", da knallt schon mal eine Tür, mit einem Wort: Es spielt sich das ganz normale tägliche kleine Familienchaos ab.

„Aber nimmt so ein kleiner Welpe", werden Sie jetzt fragen, „keinen seelischen Schaden in solch einer Umgebung?" Mitnichten! Im Gegenteil: Solch einen Hund wird so schnell nichts erschüttern. Er ist auf Menschen gut sozialisiert und wird das, was in seiner zukünftigen Familie auf ihn zukommt, inklusive der gelegentlichen Unruhe, die in einem durchschnittlichen Haushalt immer einmal auftritt, als etwas völlig Normales einordnen. Denn er hat all dies bereits in seiner frühesten Jugend kennengelernt.

Was natürlich wiederum nicht heißt, daß Hundezüchter ihren Kindern erlauben sollten, den ganzen lieben langen Tag lang an den Welpen herumzuzergeln. Sie sind ja kein Spielzeug! Und zwischendurch muß ja auch mal Ruhe sein... Das wäre ein anderes Extrem, und Extreme sind bekanntlich selten gut.

„Aber der Welpe hat doch noch jahrelang Zeit zu lernen, mit Unbekanntem umzugehen…" werden Sie jetzt vielleicht denken. „Wozu ihn schon als Baby solch einem Streß aussetzen? Man kann ihn ja ganz sachte, nach und nach, an andere Hunde, fremde Menschen, Lärm, etc. heranführen, oder?…"

Die Sache hat nur einen Haken, daß nämlich auch in diesem Fall der Spruch gilt: „Was Hundchen nicht lernt, das lernt Hund nimmermehr". Oder jedenfalls nur noch sehr schwer.

Warum das so ist? Wir haben von „Prägung" und von „Sozialisation" gesprochen. Was hat es damit auf sich?

Nun, in den allerersten Lebenswochen von Hunden findet ein ganz besonderes Lernen statt, die sogenannte Prägung. Welpen, die mit ihren Geschwistern bei ihrer Mutter aufwachsen, erfahren dadurch eine erste Prägung auf Artgenossen. Wenn sie in dieser Zeit jedoch nicht ausreichenden Kontakt zu Menschen haben, bleibt die Prägung auf Menschen aus. Prekärerweise läßt sich die Prägung weder rückgängig machen noch nachholen. Das unterscheidet sie vom späteren Lernen.

Allzu häufig verbringen gerade Welpen großer Rassen ihre entscheidenden ersten Lebenswochen so, daß sie Menschen hauptsächlich nur als Figuren kennen, die die Futterschüssel hinstellen, saubermachen und wieder verschwinden. Selbst ein paar eilige Sreicheleinheiten sind in solch einem Fall lediglich ein Tropfen auf den heißen Stein und können mit einer Sozialisation nicht gleichgesetzt werden. Da kann die Zwingeranlage noch so hübsch gepflegt sein, der Keller noch so beheizt und gefliest. Selbst die, möglicherweise eigens für Ihren Besichtigungstermin inszenierte Idylle mit den Welpen in der guten Stube (Vorsicht! Gerade Hundehändler und Massenzüchter sind ganz groß in solchen Inszenierungen, wenn es gilt, die Ware Hund an den Mann/die Frau zu bringen!), also, selbst diese Idylle sollte Sie nicht darüber hinwegtäuschen, daß Sie es in solchen Fällen mit Hunden zu tun haben, die ein Leben lang seelisch behindert bleiben werden. Durch die fehlende Prägung auf Menschen werden sie eine gewisse Scheu, Mißtrauen, ja Angst niemals ganz überwinden können.

Im Extremfall werden Sie einen solchen Hund praktisch nur noch zähmen können. Sie können ihm beibringen, Ihnen einigermaßen zu vertrauen. Der freie, unbeschwerte Umgang mit anderen Menschen wird ihm jedoch nicht möglich sein. Es bleibt immer ein Rest von Mißtrauen, Angst, manchmal sogar Panik. Solch ein Hund hat natürlich die besten Anlagen zum Angstbeißer. Achten Sie auf Hunde, die diesen „besonderen" Blick zeigen, wenn man auf sie zugeht und sie nicht ausweichen können. „Komm ja nicht näher!..." sagen die Augen und die ganze leicht geduckte und dennoch zum Angriff bereite Körperhaltung. Diese Mischung aus Angst, Aggressivität und tiefem Mißtrauen verrät den Angstbeißer und macht ihn gleichzeitig so gefährlich, zumal es sich dabei dummerweise häufig gerade um großwüchsige Hunde handelt. Logisch irgendwie, ein Wurf von acht properen Rottweilerkindern in der Wohnung ist auch nicht gerade einfach zu

managen. Deshalb ist es um so wichtiger, daß Sie besonders dann, wenn Sie sich für eine dieser großen Rassen interessieren, ganz genau schauen, wie und ob überhaupt Ihr Welpe sozialisiert ist.

Sicherlich lassen sich mit dem entsprechenden zeitlichen und persönlichen Einsatz auch im Zwinger aufgezogene Welpen gut sozialisieren, und natürlich gibt es Züchter, die diesen Einsatz auch wirklich erbringen. Sie nehmen die Hunde täglich für mehrere Stunden mit ins Haus, wo diese die Gelegenheit haben, am Leben der Familie teilzunehmen. Oder sie und ihre Familien verbringen selbst viel Zeit draußen mit den Tieren, und sie sorgen auch dafür, daß die Kleinen genügend Gelegenheit haben, auch fremde Menschen und besonders auch Kinder kennezulernen. Diesen Züchtern gehört meine ganze Anerkennung! Aber sie sind, gerade was die großen Hunderassen betrifft, leider nicht gerade in der Überzahl.

Wenn Sie also einen Wurf junger Hunde besichtigen, müssen Sie in erster Linie darauf achten, wie sie sich dem Züchter und seiner Familie und vor allem Ihnen als Fremden gegenüber benehmen, wie sie miteinander umgehen und wie sie auf Streß reagieren.

Gut auf Menschen sozialisierte Welpen rasen vielleicht nicht gerade auf Sie als Fremden zu. Aber sie kommen sehr bald angetapst, denn sie sind Kinder und fürchterlich neugierig. Sie reagieren nicht übermäßig ängstlich auf laute Geräusche, sondern beruhigen sich nach einer eventuellen Schrecksekunde schnell wieder. Sie weichen der Hand nicht aus (!!!) und nehmen Spielangebote von Ihnen und von ihren Geschwistern an.

Vorsicht! Falls die Welpen bei Ihrem ersten Besichtigungstermin noch sehr klein sind, werden sie keine Angst zeigen, denn die Fähigkeit,

Angst zu empfinden, entwickeln Hunde erst später. Daher kann eine endgültige Beurteilung ihrer Sozialisation, ihres Wesens und ihrer Nervenstärke erst ab der achten Lebenswoche erfolgen.

Wenn die Welpen zurückhaltend und schüchtern sind, bei jeder Kleinigkeit ängstlich reagieren oder gar der Hand ausweichen, wenn dazu die Mutter womöglich noch handscheu, mißtrauisch oder aggressiv ist, dann suchen Sie schleunigst das Weite!

Denn, ich wiederhole es noch einmal, frühkindliche Erfahrungen lassen sich weder rückgängig machen, noch nachholen. Wer sich also einen großwüchsigen Hund mit der Anlage zum Angstbeißer anschafft, wird in absehbarer Zeit ein größeres Problem haben. Und bei kleinen Rassen zumindest einige Unannehmlichkeiten.

Und welchen Welpen nehmen wir nun?

Nehmen Sie sich die Welpen einzeln vor. Drehen Sie sie auf den Rücken, halten Sie sie einen Moment fest und beobachten Sie ihre Reaktion.

● Ein richtiger kleiner Sturkopf wehrt sich aus Leibeskräften und schreit vielleicht sogar. Er ist auch nicht bereit, seinen Widerstand aufzugeben. Daß er meistens Urin absetzt, also Angst und Beschwichtigungswillen signalisiert, sollte Sie nicht darüber hinwegtäuschen, daß Sie mit solch einem Tier ein gutes Stück harter erzieherischer Arbeit vor sich haben.

● Gemäßigtere eigensinnige Persönlichkeiten lassen sich die Sache zwar gefallen, aber auch nur unter Anspannung im wahrsten Sinne: Ihr ganzer kleiner Körper ist verspannt und wird auch durch Streicheln und Zureden nicht locker. Sie sind mit der Situation überhaupt nicht einverstanden und warten auf die erstbeste Gelegenheit, ihr entkommen zu können. Sie werden sich auch in Zukunft so manches Mal auflehnen.

Viele Menschen suchen sich denjenigen Welpen eines Wurfes aus, der just als erster auf sie zukommt. Oder besser gesagt, sie lassen sich von diesem aussuchen... Wie dem auch sei, oftmals handelt es sich bei diesen Tierchen um kleine Draufgänger, und häufig bleiben sie es auch.

Das schüchternste und kleinste unter den Hundekindern tut es vielen angehenden Hundehaltern auch auf Anhieb an, weckt solch ein kleines, hilfloses Wesen doch in den meisten von uns sämtliche Pflege- und Beschützerinstinkte, so daß man es einfach in den Arm und mitnehmen möchte. Wenn Sie allerdings Wert auf einen möglichst unkomplizierten Hausgenossen legen, dann wird Ihr Kandidat eher im Mittelfeld zu finden sein. Und wenn Sie gar einen supergelassenen, mit Urvertrauen im Übermaß gesegneten vierbeinigen Freund haben wollen, dann machen Sie noch folgenden Test:

● Dann gibt es die, die sich im ersten Augenblick zwar wehren, jedoch schnell merken, daß man ihnen eigentlich nichts Schlimmes antut, und sich dann entspannen. Und zwar wörtlich: Der ganze kleine Körper wird weich unter unseren Händen, und das Hundchen läßt sich wohlig kraulen. Sie können davon ausgehen, daß Sie es hier mit einem kooperationsfähigen und -willigen Tier mit starker Persönlichkeit zu tun haben. Bei der entsprechenden Erziehung wird es einen prima Kameraden abgeben.

● Der „Supergelassene" reagiert, wie der Name schon sagt: Er liegt entspannt auf dem Rücken, läßt sich das Bäuchlein kraulen und guckt dabei interessiert, aber keinesfalls ängstlich in die Runde. Möglicherweise gähnt er auch dabei. Das heißt keinesfalls, daß er kurz vor dem Einschlafen ist. Es handelt sich dabei vielmehr um eine Übersprungshandlung, die lediglich signalisiert, daß der Welpe, wenn es denn nach ihm ginge, jetzt eigentlich weiterspielen möchte. Aber bitte, Bauchkraulen ist auch OK...

Von allen vieren ist dieser Kandidat im späteren Umgang am unkompliziertesten. Auch er wird sich nicht von alleine erziehen, das ist klar, aber solch ein Tier ist besonders für Anfänger oder überhaupt für Hundehalter, die gut auf Streß verzichten können, am ehesten zu empfehlen. Nicht von ungefähr werden auch spätere Blindenführhunde, die ja sehr starke, ausgeglichene, zuverlässige Charaktere sein müssen, unter anderem nach solchen Kriterien ausgewählt.

Wie alt sollte der Welpe beim Kauf sein?

Der ideale Zeitpunkt, den Welpen beim Züchter abzuholen, ist das Alter von acht bis zehn Wochen. Dann kann er schon selbständig fressen, er hat die ersten Wurmkuren und Impfungen hinter sich und vor allem, er hat die erste Phase der Sozialisierung erfahren. Er hat in den letzten Wochen bei seiner Mama und den Geschwistern schon ein bißchen geübt, mit seinesgleichen klarzukommen und hat (so ist zu hoffen) ein tiefes Vertrauen zu Menschen entwickelt.

Wenn die Aufzuchtbedingungen beim Züchter geeignet sind, den Welpen mit vielen verschiedenen Reizen vertraut zu machen, wenn er dort in einer abwechslungsreichen Umgebung lebt, wo er verschiedenen Menschen, vielleicht sogar anderen Tieren begegnen und viel Interessantes erleben kann, dann wäre es ideal, ihn mit neun oder zehn Wochen abzuholen.

Wenn dort die Umgebung jedoch eher eintönig ist, weil er im Zwinger lebt oder in einer allzu ruhigen Wohnung, dann sollte man ihn bereits mit acht Wochen mitnehmen. Denn Sie haben als Hundehalter bessere Möglichkeiten, einen einzelnen Welpen an all die vielen verschiedenen Dinge des Lebens heranzuführen, die für einen kleinen Hund neu und aufregend sind, als es der Züchter mit einem ganzen Wurf tun könnte. Dann sollte man diese wertvolle Zeit, in der der junge Hund so enorm lernfähig ist und neue Eindrücke wie ein Schwamm in sich aufsaugt, nicht verschwenden. Ist das Tier schon älter als zehn Wochen, sollten Sie kritisch hinterfragen, warum er „übriggeblieben" ist. Ist er ein „Bumerang", der aufgrund irgendwelcher Macken zurückgegeben worden ist? Lag das Problem bei den Vorbesitzern oder bei dem Hund?

Häufig gucken sich Züchter einen besonders vielversprechenden Welpen aus, der sie für die Zucht behalten wollen. Wenn er sich in

seiner weiteren Entwicklung als doch nicht ganz so überdurchschnittlich herausstellt, wird er abgegeben. Dagegen spricht prinzipiell auch gar nichts, denn er ist für den „Hausgebrauch" meistens allemal schön genug und gut genug. Die Frage ist dann nur, ob solch ein Welpe bzw. Junghund in den Monaten, die er beim Züchter verbracht hat, auch genügend Erziehung bekam, um zu Hause ohne Probleme eingewöhnt werden zu können. Oder war er bloß auf der „Warteschleife" und hat nichts Richtiges gelernt? Ein einfaches Beispiel: Wenn ein Hund seine Geschäfte ein halbes Jahr lang im Zwinger erledigen mußte, wird die Sauberkeitserziehung in der Wohnung wahrscheinlich nicht ganz einfach sein.

Die Welpenausstattung:
10 Dinge, die Sie brauchen werden

Endlich haben Sie Ihren Traumwelpen gefunden, und bald soll er in Ihrem Heim sein Quartier aufschlagen. Was sollte dasein, wenn der junge Hund sein neues Zuhause bezieht?

Also, das Allerwichtigste ist Zeit, Zeit und nochmals Zeit. Und dazu noch das folgende:

1. Welpennahrung, in Absprache mit dem Züchter und Ihrem Tierarzt. Die richtige Ernährung junger Hunde, besonders bei schnellwachsenden Rassen, ist ein heikles Kapitel. Lassen Sie sich deshalb unbedingt kompetent beraten.

2. Halsband und Leine. Das Halsband sollte ein einfaches, feststehendes sein.

Sie brauchen keinen sogenannten „Würger" (der enger wird, wenn man an der Leine zieht) und auch kein Stachelhalsband, sondern nur so ein einfaches Ding wie ein Uhrenarmband oder einen Gürtel, das man auf eine bestimmte Weite einstellen kann. Am besten aus Nylon oder aus Leder und „auf Zuwachs".

Die Leine sollte etwa 1 bis 2m lang sein und robust, denn junge Hunde kauen an allem. Selbstaufrollende Apparaturen, die auf fünf und mehr Meter Länge ausziehbar sind und damit einen gewissen Freilauf des Hundes vortäuschen bzw. die Erziehung zum Bei-Fuß-Kommen ersetzen sollen, brauchen Sie nicht. Denn Ihr Hund wird hören und wird daher entweder manierlich an der kurzen Leine oder aber frei laufen. Und kommen, wenn Sie ihn rufen.

Vorsicht! Bitte achten Sie beim Kauf darauf, daß sich das Verbindungsstück der Leine mit dem Halsband nicht beim Daraufdrücken versehentlich öffnen kann, damit Sie Ihren Hund nicht gerade dann irrtümlich ableinen, wenn Sie ihn ganz besonders festhalten wollen.

3. Trinknapf. Sie können einen kaufen, Sie können aber genau so gut eine ausrangierte Schüssel dafür verwenden, wenn sie in Form und Größe paßt. Fragen des Designs lassen Ihren Vierbeiner ziemlich kalt.

5. Kauknochen: bitte keine kleinen dünnen Sticks nehmen. Kauknochen sind nicht zum Fressen, sondern zum Nagen, Herumschleppen und Spielen da, und sollten daher entsprechend groß sein und einige Zeit halten. Richtmaß: Länge Kauknochen gleich halbe Länge Welpe. Oder so ähnlich.

6. Ein Ball etwa ab Tennisballgröße (kleinere Bälle könnten vom Hund verschluckt werden und sind deshalb gefährlich). Vielleicht noch ein Quietschspielzeug. Bitte auf das Material achten, damit der Welpe nicht an eventuell abgebissenen und verschluckten Teilen erkranken kann.

7. Hundedecke

8. Hundebürste und Kamm, je nach Fell

9. Neue Filme für die Kamera

10. Eine Flasche Baldrian für Sie, für alle Fälle

Und was ist mit dem Futternapf? Der Welpe braucht doch einen Futternapf?! Nein, den braucht er vorerst eigentlich noch nicht. Dieses Buch wird Sie mit den Vorteilen der Fütterung Ihres Hundekindes aus der Hand vertraut machen.

4. Dafür braucht er aber um so mehr eine Box. Das ist bei kleinen Rassen eine geschlossene Transportkiste (ähnlich einem größeren Katzenkorb) oder eine Hundebox aus dem Fachhandel. Bei großen Rassen können Sie auch ein ausrangiertes Laufställchen verwenden (achten Sie bitte darauf, daß das Tier nicht den Kopf durch die Stäbe stecken und sich festklemmen kann). Es geht darum, daß Sie Ihrem Welpen gewisse Stunden des Tages und ganz besonders der Nacht als Ruhestunden verordnen können. Das heißt, daß in diesen Zeiten das Hundchen entweder schläft oder aber sich mit einem Kauknochen oder ähnlichem alleine beschäftigt.

Hurra!

Der neue Hausgenosse ist endlich da! Welche Aufregung!... Welche Freude!...

„Ist der süüüüß!..."
„So was Goldiges aber auch!"
„Darf ich ihn streicheln?"
„Karl-Heinz, hol mal schnell die Kamera!"
„Guck mal, Mutti, mich mag er am liebsten!"
„Nein, mich!"
„Stimmt nicht! Mich!"
„Kinder, nicht so laut. Bitte!..."
„Schatz, wo sind die neuen Filme, die ich gekauft habe?"
„Du sollst ihn nicht hochheben, Ann-Kathrin!"
„Autsch, der hat ja Zähne!"
„Vorsichtig, Florian, nur streicheln, ja?"
„Vati, darf ich mit ihm spazierengehen?"
„Verflixt, wo sind meine Filme? Daß in diesem Haus aber auch alles wegkommt!"
„Guck mal bei den Fotosachen, Schatz!"
„Kannst du das nicht gleich sagen?"
„Mutti, darf er einen Schokokeks?"

Und so weiter, und so weiter... Ist das nicht die reinste Idylle?

Etwas später:

„Rückt doch mal näher zusammen, ich krieg euch sonst nicht aufs Bild."
„Mutti, Mäxchen läuft immer weg!"
„Schatz, halt doch mal den Hund fest!"
„Ja, wie denn? Der bleibt ja nicht stehen!..."
„Jetzt nimm ihm doch mal einer das Legoteil aus der Schnauze!"
„Ann-Kathrin, guck in die Kamera! Hu-huuu! Vögelchen!"
„Mutti, der Florian hat doof zu mir gesagt!"
„Biste auch! Mutti, sie läßt mich Mäxchen nicht streicheln. Die Doofe..."
„Jetzt laßt das, Kinder!"
„Florian, mach nicht so ein albernes Gesicht! Guckt in die Kamera! In die Kamera!"
„Sagt mal, wo ist der Hund eigentlich?"
„Oh nein, nicht auf den guten Teppich!..."

Achtung! Wie Sie sehen, hat der Welpe Ihre Erziehung bereits zielstrebig und mit großem Ernst begonnen und Ihnen die erste Lektion „Lasse einen jungen Hund niemals aus den Augen!" schon erteilt.

Der Welpe ist da!...

Wie überstehen wir die erste Nacht?

Nun, nach einigen wunderschönen Stunden voller Aufregung und Freude beginnen sich in den hintersten Ecken Ihres Gehirns dunkle Gedanken zusammenzubrauen wie ferne Gewitterwolken. Es sind Fragen der zukünftigen Alltagsgestaltung mit dem neuen Familienmitglied im allgemeinen und des Überstehens der nächsten 24 Stunden im besonderen. Zum Beispiel: „Wie oft wird er müssen? Und wer geht mit ihm raus? Ja, aber der kennt ja noch gar keine Leine! Soll er jetzt etwas zu fressen kriegen?... Oder erst raus?... Und wo schläft er? Schläft er überhaupt? Im Moment kann man sich den Kerl noch gar nicht ruhig vorstellen, der kommt ja um vor Energie!... Die Kinder wollen nicht ins Bett. Und jeder will ihn mit ins Zimmer nehmen, womöglich noch mit unter die Bettdecke. Nein, nein, das kommt nicht in Frage! Das muß doch von Anfang an... Dieses Chaos!... Hoffentlich jault er nicht die ganze Nacht! Also, noch mal: erst Gassi, dann Fressen oder...?"

Viele Fragen. Und alle auf einmal. Mir wird jetzt nichts anderes übrig bleiben, als sie alle schön der Reihe nach zu beantworten. Und für Sie zu hoffen, daß Sie dieses Buch vor diesem denkwürdigen Abend gelesen haben. Dann würden Sie jetzt nämlich folgendes tun:

1. Kinder ins Bett bringen, und zwar ohne Hund, koste es, was es wolle. Entfällt, wenn keine Kinder da sind. Der Rest bleibt Ihnen nicht erspart.

2. Gassi gehen. Ist der Welpe nicht leinenführig (das sind die wenigsten Welpen in diesem Alter), Hund unter den Arm klemmen und herausschaffen auf irgendeine Grünfläche. Kleine Hunde laufen einem noch nicht so leicht weg (siehe auch Kapitel 16). Sie sind praktischerweise mit einem Folgetrieb ausgestattet, der es ihnen ermöglicht, bei Ausflügen mit dem Rudel nicht verlorenzugehen. Darum werden sie sich anfangs auch von Ihnen nicht allzu weit entfernen.

3. Wenn das Geschäftchen erledigt ist, geben Sie dem Welpen eine kleine Belohnung, ein kleines Leckerli, loben Sie ihn und schaffen Sie ihn wieder ins Haus.

4. Geben Sie ihm zu fressen. Wenn er keinen Hunger hat, nur keine Panik! Es war schließlich auch für ihn ein furchtbar anstrengender Tag. Für heute reicht es, wenn er trinkt.

5. Noch mal Gassi. Diesmal ein bißchen länger. Das große Geschäftchen, falls eines anfällt, kritisch in Augenschein nehmen: irgendwelche Anzeichen von Durchfall? Oder womöglich von Würmern? Gerade bei neuen Hausgenossen sollte man in dieser Hinsicht sehr aufmerksam sein. Im Zweifelsfall sollten Sie eine kleine Kotprobe z.B. in ein leeres Filmdöschen aufsammeln, damit es gleich morgen beim Tierarzt untersucht werden kann.

6. Wenn Sie wieder zu Hause sind, stellen Sie die Box (Sie erinnern sich, das war die Transportkiste oder das Laufställchen) in eine Ecke des Schlafzimmers. Decke rein, Welpen rein, kurz streicheln, gute Nacht, Feierabend. Überhören Sie es einfach (?!), wenn der Welpe quengelt.

7. Entspannen. Zehnmal tief durchatmen. Mindestens.

8. Hat er sich beruhigt? Na wunderbar! Gehen Sie jetzt zu ihm, streicheln Sie ihn und flüstern Sie ihm etwas Nettes ins Ohr.

9. Schleichen Sie sich ins Bett. Stellen Sie den Wecker, nach vier Stunden ist nämlich Gassigehen fällig. Oropax und Baldrian bereitlegen.

10. Schlafen Sie schön. Sie können es ja wenigstens versuchen...

Bei den Punkten **6.** und **8.** handelt es sich nicht etwa um Druckfehler. Die Methode, den Welpen nicht zu beachten, wenn er quengelt, ihn dafür aber just dann mit guten Worten und Streicheleinheiten zu belohnen, wenn er ruhig ist, hat durchaus ihren Sinn. Wenn Sie dieses Buch zu Ende gelesen haben, werden Sie verstehen, warum diese Vorgehensweise nicht nur Ihnen, sondern auch Ihrem Hund das gemeinsame Leben erleichtern wird.

Ein Erziehungskonzept muß her!

Die erste gemeinsam überstandene Nacht geht zu Ende. Der Morgen graut. Zeit für eine erneute Gassi-Tour. Alles ist ruhig, weit und breit kein Mensch zu sehen. Kein Wunder, welcher normal veranlagte Zeitgenosse geht um diese Zeit schon freiwillig vor die Tür...

Während Ihr neuer Mitbewohner putzmunter und fröhlich durchs Gras hoppelt und sich seines kleinen Lebens freut, überkommt Sie für einen Moment vermutlich ein Gefühl der Unsicherheit: War es wirklich eine gute Idee, sich das alles anzutun? Aber andererseits... Der Kleine ist so drollig, er ist so knuddelig und süß, daß man, hundemüde wie man ist, nicht umhin kann, ihn einfach gernzuhaben und sich auf eine Zukunft mit ihm zu freuen.

In dieser besinnlichen, ruhigen Stunde der ersten ungestörten Zweisamkeit mit Ihrem Welpen haben Sie endlich die Zeit, Ihre Gedanken zu ordnen. Sich spätestens jetzt zu überlegen, wie Sie ihn sich für die nächsten vielen Jahre vorstellen. Und wie nicht. In welche Richtung Sie ihn erziehen wollen.

Sie haben nicht etwa gedacht, das würde sich schon irgendwie ergeben? Ein bißchen so wie bei Lassie, die ja schließlich auch von sich aus immer das Richtige tut? Ab und zu rettet sie einige Kinder vor dem Ertrinken, hie und da stellt sie ein paar Bösewichte und verteidigt ansonsten ihre Leute bis zur Selbstaufgabe... Einfach so, aus sich heraus... Bitte, vergessen Sie es! Wir leben nicht in Hollywood und glauben Sie mir, bis man die Darsteller von Lassie so weit hatte, diese einzigartige Figur im Film spielen zu können, sind sie durch eine lange Schule exzellenter Hundeerziehung gegangen.

West Highland White Terriers die Zähne ausgebissen. Die Eigensinnigkeit von Rauhhaarteckeln ist allgemein bekannt. Chi-hua-huas beißen häufig wie die reinsten Nähmaschinen. Viele Zwergschnauzer stehen ihnen da in nichts nach. Vergessen Sie also bitte nicht, daß auch der kleinste Hund Wölfe als Urahnen hat, zum Teil heute noch in wölfischen Kriterien denkt, und, wie klein und niedlich auch immer, als Hund begriffen und respektiert werden will.

Oder schwebt Ihnen eine Art Männerfreundschaft vor nach dem Motto: „Wir beide gegen den Rest der Welt..."? Vielleicht haben Sie sich auch gerade deswegen den Welpen einer größeren, imposanten Rasse angeschafft? Einen, der später mit Ihnen durch dick und dünn geht, und Ihnen durch seine Größe und Erscheinung Respekt verschafft? Der es den Leuten, mit denen Sie nicht können, schon zeigen wird und ansonsten Ihr gleichberechtigter Kamerad ist?... Vorsicht, Vorsicht! Denn gerade diese Hunde neigen unpraktischerweise dazu, es nach und nach allen zu zeigen. Zuerst Ihren Kindern und Familienangehörigen, einfach, weil ihm diese wesentlich öfter in die Quere kommen, als Ihre Erzfeinde oder gar Einbrecher. Und am Ende auch ihrem eigenen Herrn, weil Hunde mit gleichberechtigten Partnerschaften auf Dauer so ihre Schwierigkeiten haben.

Ein Konzept muß also her. Jetzt. Denn die Erziehung eines Welpen oder seine Nicht-Erziehung hat Auswirkungen auf sein ganzes Leben und muß deshalb von Anfang an in die von Ihnen gewünschte Richtung weisen. Wie Sie in den nächsten Tagen, Wochen, Monaten mit ihm umgehen, wird sein Verhältnis zu Ihnen und zu seiner ganzen Umwelt nachhaltig prägen.

Selbiges gilt für Rintintin, für Kommissar Rex, Beethoven, Hutch und wie alle diese großartigen Filmgestalten heißen mögen.

Vielleicht haben Sie sich einen Welpen einer kleineren Rasse angeschafft mit dem Hintergedanken, einen fröhlichen, unkomplizierten kleinen Wuschel zu haben, irgendwas Herziges zum Knuddeln, das in der Familie einfach so mitläuft und keinen riesigen Erziehungsaufwand erfordert. Sie haben recht: Mit Kleinpudeln etwa ist leichter umzugehen als beispielsweise mit Bullmastiffs. In der Regel. Andererseits haben sich schon manche an der Erziehung eines

Und machen Sie sich bitte bewußt: Hunde lernen nicht nur dann, wenn wir versuchen, ihnen etwas beizubringen. Sie lernen praktisch den ganzen Tag.

Damit meine ich folgendes: Sie üben mit ihm „Sitz". Kostet 10 Minuten pro Tag. Sehr schön! Aber wenn er den ganzen Tag Ihre wehrlosen Familienangehörigen anknabbern durfte („Er spielt nur! Das meint er nicht so! Laßt ihn doch, er ist ja noch so klein!..."), dann hat er vermutlich „Sitz" gelernt, aber außerdem auch noch etwas anderes: „Man kann Menschen anknabbern. Dazu eignen sich besonders ältere oder kleinere Exemplare, die können sich nämlich nicht so gut wehren. Außerdem stoßen sie solche lustigen kleinen Quietscher aus..." Das ist eine Schlußfolgerung, die später unangenehme Nachwirkungen haben kann, besonders, wenn man es mit einem großwüchsigeren (noch) Welpen zu tun hat.

Es wird Ihnen deshalb nicht erspart bleiben, sich bereits jetzt folgende Fragen zu stellen:

1. Welche Stellung soll dem Hund Ihnen und Ihrer Familie gegenüber zukommen? Soll er in der Familienhierarchie über oder unter Ihnen stehen? Und was ist mit Ihrem Partner, den Kindern und der Oma? Stehen sie später einmal über oder unter dem Hund?

Mein Rat: Der Hund muß ganz klar und eindeutig das unterste Glied in der familiären Hierarchie sein. Dazu gibt es keine Alternative, es sei denn, daß Ihnen die Sicherheit Ihrer Familie gleichgültig wäre.

2. Und wie ist es mit Fremden, z.B. dem Postboten, Besuch, usw.? Möchten Sie einen prinzipiell freundlichen Hund haben oder einen, der je nach Anlaß auch einmal unfreundlich wird? Einen, der sich über alle freut die vorbeikommen, oder einen, der Fremden mißtraut und Sie und Ihr Haus verteidigt?

Mein Rat: Das Leben ist mit einem freundlichen Hund um vieles einfacher. Auch auf die Gefahr hin, daß er sich selbst mit Einbrechern bestens versteht. Statistisch gesehen kommen nämlich auf einen gestellten Einbrecher -zig gebissene eigene oder auch Nachbarskinder, letztere sind nämlich einfach häufiger. Von Briefträgern einmal ganz zu schweigen, aber die sind ja Kummer gewohnt... So gesehen lohnt sich die Haltung eines scharfen Hundes höchstens für Junggesellen mit zu bewachendem Betriebsgelände. In allen anderen Fällen dürften ein freundliches Tier plus eine eventuelle Alarmanlage zweckdienlicher sein.

Aber abgesehen davon, sogar die meisten superfreundlichen Hunde schlagen an (sie bellen), wenn Fremde ans Haus kommen. Nur, daß damit für sie die Sache erledigt ist. Sie haben nicht den Ehrgeiz, Eindringlinge gleich kampfunfähig zu machen.

3. Oder haben Sie die Vorstellung, daß das Tier einfach zu wissen hat, wer Ihnen gerade willkommen ist und wer nicht?

Mein Rat: Sie haben sicherlich recht, viele Hunde können die Stimmung ihrer Besitzer erspüren. Sie scheinen oft „instinktiv" zu wissen, wen man mag und wen nicht. Nur, Sie werden mit dem Tier nicht jede Sekunde des Tages zusammensein. Daher wird es sich gezwungen sehen, manches Mal eine selbständige Entscheidung darüber zu treffen, wen es aufs Grundstück bzw. ins Haus läßt und wen nicht. Und wenn es den Klempner, den Postboten, Ihre Erbtante oder die kleine Freundin Ihrer Tochter getroffen hat, tja, dann war es eben eine Fehleinschätzung der Situation. Einfach Pech... Sie sollten Ihrem Hund deshalb lieber von Anfang an klarmachen, daß er keine Menschen zu beißen hat. Niemals.

4. Sind Sie der Meinung, daß sich Ihr Hund nur von Ihnen bzw. Ihren Familienangehörigen anfassen lassen sollte?

Mein Rat: Ist das, auf die kommenden Jahre gesehen, eine realistische Vorstellung? Häufig gehen gerade Kinder auf Hunde zu und möchten sie streicheln. Natürlich haben Sie sich vorgenommen aufzupassen, daß nichts passiert. Aber: Brauchen Sie diesen Streß? Und was ist mit Ihrem Tierarzt? Auch er muß Ihr Tier gelegentlich einmal anfassen. Sicherlich kann er es entsprechend sichern, das hat er schließlich gelernt. Aber angenehm ist so ein Tierarztbesuch für alle Beteiligten nicht, schon überhaupt nicht für den Hund, wenn man jedesmal eine Kurznarkose braucht, bloß, um nach einem Backenzahn oder nach den Mandeln zu gucken... Außerdem pflegt diese Art „geistiger Freiheit" bei Hunden zu eskalieren. Deshalb überlegen sich viele Tiere, denen es frei steht, sich anfassen zu lassen oder auch nicht „plötzlich", daß sie sich von Frauchen oder Herrchen „gerade jetzt" oder „gerade an dieser oder jener Stelle" auch nicht berühren lassen möchten. Was ist dann? Warum also nicht lieber einen Hund halten, den man jederzeit anfassen kann, ohne Gefahr für Leib und Leben?

5. Würden Sie einen extrem lebhaften Hund, der beim kleinsten Anlaß außer sich gerät, dabei pausenlos aufgeregt herumspringt und -wuselt und kaum ansprechbar ist, als liebenswert-chaotisch oder als unkonzentriert, planlos und nervig empfinden?

Mein Rat: Das ist zum Teil sicherlich Geschmackssache. Es gibt viele Hundehalter, die solch ein Verhalten im großen und ganzen drollig und nur gelegentlich als störend empfinden. Es ist dennoch so, daß zu einem ausgeglichenen Wesen auch bei Hunden die Fähigkeit gehört, zwischen „Dienst und Schnaps" unterscheiden zu können. Zu wissen, wann Spielen und Toben, wann Konzentration und wann Ruhe angebracht sind. Und vor allem, auch mitten in einem Freudentaumel ansprechbar, also für den Besitzer „erreichbar" zu sein. Auch hier sollten Sie bereits beim Welpen mit der entsprechenden Erziehung anfangen.

6. Kämen Sie (und Ihre Nachbarn) mit häufigem, länger anhaltendem Gekläff zurecht?

Mein Rat: Daß Hunde bellen, ist etwas völlig Normales. Wenn Sie es in Maßen und zur richtigen Zeit tun, also zum Beispiel wenn sich Fremde dem Haus nähern, dann ist das völlig OK. Aber es gibt Tiere, die die ganze Nachbarschaft rebellisch machen und dadurch für Mißstimmung sorgen. Bei einigen Rassen ist der Hals schon von Haus aus „lose". Schnauzer heißen nicht von ungefähr so, und auch viele Terrier hören sich am liebsten selbst reden. Was aber nicht heißen soll, daß Exemplare anderer Rassen nicht zu Kläffern werden könnten. Lang anhaltendes, unmotiviertes Gebelle und Gejaule ist nicht nur absolut nervtötend, sondern häufig auch ein Zeichen dafür, daß in der Erziehung und den Haltungsbedingungen des Tieres einiges nicht stimmt. Auch hier hilft nur eines: Die richtige Erziehung von Anfang an.

7. Würde es Sie stören, wenn sich Ihr Hund seinen Artgenossen gegenüber friedfertig und defensiv zeigt und sich auch einmal ergibt? Oder wünschen Sie einen Kämpfer und „Siegertypen"?

Mein Rat: So ein Siegertyp mag ja etwas hermachen, aber leider gestaltet sich mit ihm jeder Spaziergang zu einem Abenteuerausflug. Wenn ein Hund hingegen weiß, wie er mit Schwächeren umgehen und wann er klugerweise lieber selbst klein beigeben sollte, spart das schon enorm viel Streß. Von Tierarztkosten auf Ihrer wie auf der Gegenseite einmal ganz zu schweigen.

8. Sind Sie ein Demokrat durch und durch? Widerstrebt es Ihnen in Ihrer tiefsten Seele, jemandem Ihren Willen aufzuzwingen? Sind Sie deshalb für familiäre Mitbestimmung, auch für Ihren Hund?

Mein Rat: Man munkelt über Menschenkinder, aber von Hundekindern weiß man definitiv: Sie sind nicht für die antiautoritäre Erziehung geschaffen. Bei Hunden bleibt das allerdings ein Leben lang so. Sie kommen mit demokratischen Strukturen auch später nicht zurecht. Ein gleichberechtigtes Zusammenleben mit Ihrem Vierbeiner ist von vornherein zum

Scheitern verurteilt. Versuchen Sie es gar nicht erst! Wenn Sie sich weigern, die Führung zu übernehmen, wird er es tun.

9. Verabscheuen Sie Gewalt in jeder Form? Würden Sie einem Lebewesen niemals weh tun, schon gar nicht Ihren Hund schlagen wollen?

Mein Rat: Dann sind Ihnen die nächsten Seiten geradezu auf den Leib geschrieben. Sie sollen Ihnen nämlich gerade bewußt machen, wie Sie die Führungsposition ohne Brachialgewalt übernehmen können. Wie Sie Ihrem Tier in Kenntnis der Hundepsychologie, mit Liebe, Verständnis und Konsequenz beibringen können, daß Sie der Boß sind. Und wie Sie ihm dadurch ein Gefühl der Sicherheit und Geborgenheit vermitteln können.

Denn genau dies ist das Geheimnis glücklicher Hunde. Nicht die Freiheit, über Tisch und Bänke zu gehen. Nicht, tun und lassen zu können, was ihnen gerade in den Kopf kommt. Nicht der Schlafplatz am Fußende und nicht einmal das Extrahäppchen von Frauchens Teller... Sondern der zuverlässige, starke Partner, an den sie sich anlehnen können, der ihnen einen Rahmen vorgibt und der sie innerhalb dieses Rahmens aufbaut, ermutigt und bestärkt. Und der sie Hund sein läßt.

Die Sprache der Hunde:
(k)ein Buch mit sieben Siegeln

Sie haben ein neues Familienmitglied. Es spricht jedoch kein Deutsch. Sie werden daher eine gemeinsame Sprache finden müssen, die eine reibungslose Kommunikation für die nächsten Jahre ermöglicht.

Wir Menschen pflegen uns, selbstgefällig, wie wir nun einmal sind, darauf zu verlassen, daß die Tiere, mit denen wir zusammenleben, unsere Sprache schon lernen werden. Wir alle kennen Sprüche wie „Er (der Hund) versteht jedes Wort. Nur schade, daß er nicht sprechen kann..." Aber wie ist es umgekehrt? Sind auch wir bereit, die Ausdrucksweise unserer Hunde zu begreifen? Wenn wir ehrlich sind, wohl eher weniger. Oder haben Sie je von irgendeinem Zweibeiner schon einmal sagen hören „Es ist phantastisch, wie er seinen Hund versteht! Nur schade, daß er nicht bellen kann..."

Hunde machen es uns aber auch zu leicht! Sie können sich eine ganze Reihe von Wörtern merken, sie erfassen den Tonfall und vor allem, sie sind wahre Meister der sogenannten nonverbalen Kommunikation. Ein Hund weiß oft anhand kleinster, unbewußter Zeichen unserer Körpersprache, daß wir mit ihm gleich Gassi gehen werden, manchmal sogar noch, bevor uns selbst bewußt wird, daß wir überhaupt spazierengehen wollen. Wenn wir dann sagen: „Na, Bello, wie wär´s mit einem kleinen Gang um den Block?" rast er schon zur Tür und macht damit glatt den Eindruck, als habe er den ganzen Satz, der immerhin aus elf Wörtern bestand, verstanden. (Also noch so ein Hund, der „jedes Wort" versteht.)

Insofern scheinen unsere Hunde durch ihre Flexibilität, durch ihre Lernfähigkeit und durch ihre Empfänglichkeit für unsere Gefühle und Gedanken schon selbst genügend für einen funktionierenden Austausch mit uns zu sorgen.

Ich denke dennoch, daß es unverzeihlich und vor allem schade wäre, wenn wir uns nicht auch selbst bemühten, uns in ihre Art der Kommunikation hineinzudenken. Erstens, um ihre Gefühle, „Gedanken", Reaktionen, ihre nächsten Schritte begreifen und deuten zu können, also um wirklich zu verstehen, was in ihnen vorgeht. Und zweitens auch, weil ihre differenzierte, wunderschöne „Sprache", ihre Fähigkeit, sich durch die Mimik, durch die Körperhaltung, durch Laute auszudrücken, für den kundigen Beobachter ein faszinierendes Naturerlebnis ist. Wir müssen uns nur darauf einlassen.

Und wie lernen wir diese Sprache? Nun, es gibt verschiedene Klassiker der ethologischen, also verhaltenskundlichen Literatur, in denen Imponier-, Droh- und Beschwichtigungsverhalten, Angst-, Aggressions- und Spielmimik sehr anschaulich dargestellt und erklärt werden. Beobachten Sie einmal eine Gruppe spielender Hunde. Alle diese Verhaltensweisen werden Sie dort auch sehen. Manchmal sehr fein dosiert und oftmals für das ungeübte Auge zunächst noch viel zu schnell. Aber wenn Sie sich die Zeit nehmen, sich in die Sache hineinzugucken, werden Sie großen Spaß daran haben, in dem Tohuwabohu die Ordnung, die Logik und die wunderbare Choreographie von Dominanz (wo es möglich erscheint) und Unterwerfung (wo es nötig ist) zu erkennen. Und wenn Sie an diesem Schauspiel Gefallen gefunden haben, werden Sie sich vielleicht sogar die Zeit nehmen, im nächstgelegenen zoologischen Garten ein Wolfsrudel im Gehege zu beobachten. Sie werden dort erkennen können, wer der Chef ist und wer die Chefin, wer mit wem kann, wer sich mit wem gegen wen solidarisiert, usw. Sie werden sehen, welche Narrenfreiheit die Welpen haben und wie überaus autoritär die Halbwüchsigen erzogen werden.

Sollten Sie sich für solcherlei Beobachtungen viel Zeit nehmen, werden Sie irgendwann feststellen, daß die Geschehnisse im Rudel ebenso wie die Reaktionen aufeinandertreffender Hunde klaren Gesetzmäßigkeiten folgen, daß also bestimmte Aktionen des einen Tieres ganz bestimmte Reaktionen eines anderen zur Folge haben. Und daß dort also nichts passiert, was Ihnen überraschend oder unerklärlich erscheinen könnte.

Wenn Sie in Ihren verhaltenskundlichen Kenntnissen so weit fortgeschritten sind, dann ist es Ihnen selbstverständlich ein leichtes, Ihren eigenen Hund zu verstehen. Sie werden nachempfinden und deuten können, was in ihm vorgeht, warum er in bestimmten Situationen so und nicht anders reagiert, und Sie werden seine Reaktionen sogar voraussagen können. Und natürlich wird Ihr Hund dann vor seinen Kumpels mit Ihnen angeben: „Mein Herrchen/Frauchen versteht jedes Wort, ehrlich! Nur schade, daß er/sie nicht bellen kann..."

Im folgenden Kapitel gehen wir einmal, als Einstimmung auf das angeborene Verhaltensrepertoire unserer Hunde, das Wesen und einige Gesetzmäßigkeiten genetisch determinierten, also angeborenen Verhaltens durch. Dabei werden wir an unserem eigenen menschlichem Beispiel am besten erkennen können, wie entscheidend Verhaltensmuster, die einem in die Wiege gelegt wurden, unser ganzes Leben beeinflussen. Ich hoffe, Sie werden beim Lesen so viel Spaß haben, wie ich beim Schreiben hatte!

Angeborenes Verhalten:
Was ist das, wer hat das und wo kommt es zum Tragen

Hunde stammen von Wölfen ab. Auch Ihrer, ehrlich! Wobei ich verstehen kann, daß Ihnen daran Zweifel kommen, wenn Sie Ihren Westie-, Dackel-, Boxer- oder Wasauchimmerwelpen so betrachten. Nun, es ist schon ein paar tausend Jahre her, daß sich Menschen und Wölfe zusammengetan haben, und dennoch: Eine ganze Reihe angeborener Verhaltensweisen unserer Haushunde stammen noch aus dieser Zeit. Interessanterweise konnte der Mensch durch züchterische Selektion zwar das Aussehen des Wolfes bis zur Unkenntlichkeit verändern, nicht aber diesen Teil seines Verhaltensrepertoires.

Lassen Sie uns jetzt gemeinsam einige Beispiele aus **unserem** menschlichen angeborenen Verhaltensrepertoire durchgehen. Zum einen, weil es bei Lichte betrachtet manchmal schon sehr komisch ist, wie brav auch wir einem gewissen Verhaltensprogramm folgen, ohne uns dessen so recht bewußt zu sein. Dabei glauben wir doch so gerne, vernunftgesteuert, individuell und frei im Geiste handeln zu können. Denkste! Zum anderen aber auch, um zu begreifen, wie wenig variabel, wie unabänderlich angeborenes Verhalten ist.

Wir erkennen zum Beispiel ein Lächeln, ob unser Gegenüber nun Australier, Amazonas-Indianer oder meinetwegen Südfranzose ist. Und wir können es deuten. Das Lächeln hat nämlich für uns, für den Australier, für den Indianer und für den Südfranzosen die gleiche Bedeutung. Ebenso das Weinen.

Die Körpersprache beim Flirten weist auf der ganzen Welt identische Merkmale auf: das Lächeln und ein kaum bewußt wahrnehmbares, zehntelsekundenschnelles Hochziehen der Augenbrauen, den sog. Augengruß, häufig begleitet von Hinschauen-Wegschauen-Hinschauen und einem leichten Neigen des Kopfes bei dem weiblichen Partner. Glauben Sie nicht? Dann versuchen Sie einmal mit jemandem zu flirten, der Ihnen mit mürrischem Gesichtsausdruck, mit zusammengezogenen Augenbrauen und mit vorgerecktem Hals in die Augen stiert. Es wird Ihnen nicht gelingen.

Wir können uns dem Charme von Menschen- und Tierbabys nicht entziehen: Der kleine runde Kopf, die große Stirn, die Pausbäckchen, die großen Augen und die kleine Nase und Mundpartie (das sogenannte Kindchenschema also) haben für alle Menschen, auf welchem Fleck dieser Erde sie auch leben mögen, einen ganz besonderen Reiz.

Ist Ihnen übrigens schon einmal aufgefallen, daß sich Staatsmänner und besonders auch Diktatoren ihrem Publikum gerne mit Kindern zeigen? Sie ahnen schon warum, nicht wahr? Richtig! Kinder beschwichtigen uns, ob wir wollen oder nicht, und sorgen damit für Sympathiepunkte. Auch Hitler und Stalin waren übrigens Großmeister dieser Art der Selbstdarstellung...

Interessant ist ferner z.B. die Betonung der Schulterpartie bei den Herren. Heutzutage und hierzulande hat das Männerjackett Schulterpolster, aber der Trick ist nicht neu. Militärs laufen seit Jahrhunderten mit Schulterklappen herum, Krieger aus Naturvölkern verwenden Federn zum selben Zweck und Menschenaffen stellen, wenn sie imponieren wollen, die Behaarung der Schulterpartie einfach hoch. Dadurch erscheint ein „richtiger Kerl" eben ein bißchen größer, mächtiger, imposanter...

Wir weisen eine ganze Reihe angeborener Verhaltensweisen auch im Bereich der Gruppenbildung auf. Wir geben uns gemeinsame Gruppenmerkmale wie Trachten, Moden und Trends, und manches Mal treibt dieser Drang gar lustige Blüten. Ich denke dabei z.B. an unsere Punks oder auch an andere vermeintliche Nonkonformisten, die den Anspruch haben, „anders" und individuell zu sein, sich dann aber doch wieder eine Uniform verpassen...

Bedenklich wird es, wenn Demagogen, welcher Couleur auch immer, unsere leider angeborene Neigung, Andersartige aus der Gruppe auszugrenzen, dazu benutzen, uns an der Nase herumzuführen. Der Trick mit dem äußeren Feindbild hat einen ellenlangen Bart, er funktioniert trotzdem immer wieder. Und, und, und...

Selbst bei uns Menschen gehört also viel selbständiges Denken und Reflektion des eigenen Verhaltens und Empfindens dazu, an diesen archaischen Verhaltensmustern vorbei wirklich frei und vernunftgesteuert handeln zu können. Oftmals ist es geradezu unmöglich (siehe mißratener Flirtversuch mit dem „resoluten" Partner).

Um so mehr müssen wir unseren Haushunden zugestehen, daß sie ihr angeborenes Verhaltensrepertoire nicht ändern können. Daß diese Verhaltensweisen nun einmal aus der grauen Vorzeit stammen, als unsere Hunde noch Wölfe waren, ist eine schlichte Tatsache, mit der wir leben müssen.

Zweifellos gibt es bei unseren Vierbeinern große rassebedingte und individuelle Verhaltensunterschiede, die gerade in jüngerer Zeit Gegenstand vieler wissenschaftlicher Untersuchungen sind. Selbstverständlich sollte man, wen wundert´s, mit einem American Stafford in der Regel etwas anders umgehen als mit einem Irischen Setter und mit einem Greyhound anders als mit einem Mops. Und dennoch: Wer den kleinsten gemeinsamen Nenner all dieser Rassen und Individuen begreift und akzeptiert, hat die besten grundsätzlichen Voraussetzungen, mit seinem Tier zurechtzukommen, welche Rasse, welche Größe und welchen individuellen Charakter der jeweilige Hund auch haben mag.

Daher sollten wir uns, wenn wir unseren Bello verstehen wollen, zunächst einmal besagtem „gemeinsamen Nenner", nämlich dem Wolf in ihm, zuwenden. Dabei reicht es nicht, über wölfisches Verhalten in der Theorie Bescheid zu wissen. Wir müssen das Gewußte auch direkt auf unsere häusliche Situation „übersetzen". Und auf uns selbst. Gerade die genetisch determinierten Verhaltensweisen sind es, die unseren Hund so herrlich geradlinig, so konsequent, letztlich so kalkulierbar machen. Vorausgesetzt, daß wir lernen zu verstehen, in welcher Situation er warum wie reagieren wird.

Wir müssen begreifen, daß wir mit dem Hund nicht etwa ein neues Familienmitglied hinzugewonnen haben. Er ist kein Beinah- oder Ersatzmensch, der bloß ein paar mehr Beine und große Ohren hat. Im Gegenteil! Wir sind ab sofort keine Familie mehr, sondern ein Rudel. Wir müssen agieren wie Überhunde und uns dabei an die guten, alten, bewährten Regeln des Rudellebens halten. Dann, und nur dann werden wir mit unserem vierbeinigen Kameraden im völligem Einklang und innigem Verständnis leben.

Sitten und Gebräuche im Wolfsrudel und was sie für uns bedeuten

Ich möchte mit Ihnen an dieser Stelle einige Regeln wölfischen Verhaltens durchgehen. Das meiste davon wird Ihnen bereits bekannt sein. Wir wollen hier jedoch einmal gemeinsam versuchen, das, was Sie über das Rudelleben wissen, auf Ihre häusliche Situation mit Ihrem Hund zu „übersetzen". Zum Beispiel:

1. Die Familie als Rudel
Wölfe leben in Gruppen, den sogenannten Rudeln.
➜ Das ist natürlich nichts Neues. Daß die Familie für den Hund das Rudel ersetzen muß, ist Ihnen selbstverständlich vollkommen klar, sozusagen schon kalter Kaffee. Haben Sie bitte trotzdem noch ein wenig Geduld, gleich wird es spannender.

2. Wer wird Rudelführer?
Das Rudel hat eine hierarchische Struktur mit dem Leitwolf, dem sogenannten alpha-Tier, an der Spitze, dem eine Reihe Symbole seiner Macht zustehen. Vergleichbar etwa mit Krone und Zepter und dem übrigen Brimborium, das menschliche Monarchen auszeichnet.

➜ Hundebesitzer müssen sich klarmachen: Die Rolle des Leitwolfes ist jetzt die ihre. Obligatorisch! Verweigern sie dieses Amt, wird sich das Tier geradezu gezwungen sehen, es selbst zu übernehmen: „Einer muß ja schließlich..."

Die Übernahme der Führungsposition durch den Hundehalter sollte jedoch kein gewaltsamer Akt sein, sondern vielmehr ein sanfter Prozeß. Es kommt dabei darauf an, daß der menschliche Rudelgenosse für sich bewußt und gezielt sämtliche Insignien, also Symbole der alpha-Stellung in Anspruch nimmt. Wenn es sein muß, täglich aufs neue. Kommt ein dominant veranlagter Hund in Besitz einiger dieser Symbole der Macht, wird er daraus schließen, daß ihm alle übrigen auch noch zustehen. Und konsequent, wie Hunde nun einmal sind, wird er sie auch einfordern. Mit allen üblen Folgen, die so etwas haben kann.

3. Welche Stellung hat der Hund in der familiären Rangordnung?

Die Hierarchie setzt sich im Rudel nach unten fort: die jeweils ranghöheren Tiere haben den rangniederen gegenüber bestimmte Vorrechte. Diese erstrecken sich bis hin zum Drohen, Anknurren oder notfalls auch Beißen. Letzteres, nämlich das Beißen, kommt relativ selten vor, aber nur deshalb, weil die unterlegenen Tiere rechtzeitig und deutlich Beschwichtigungsverhalten zeigen. Bliebe dieses aus, wären Bisse die logische, unvermeidbare Konsequenz.

➡ Das bedingt, daß auch Ihre übrigen Familienmitglieder ohne Ausnahme (!) eine höhere Stellung haben müssen als der Hund. Wollten sie nämlich im Fall der Fälle keine Bißverletzungen davontragen, müßten auch sie, wie es unterlegene Wölfe und Hunde tun, klein beigeben und Beschwichtigungsverhalten zeigen. Das ist nicht nur nicht sinnvoll, sondern im täglichen Leben nicht einmal immer möglich. Daß man sich mit einem dominant veranlagten Hund, der sich einbildet, der Führungsetage anzugehören, auf Dauer „schon irgendwie arrangieren" könne, ist ein gefährlicher Irrglaube.

4. Cliquenwirtschaft im Wolfsrudel: Wer kann mit wem gegen wen?

Es kommt auch bei Wölfen durchaus einmal vor, daß sich zwei schwächere Tiere zusammentun und sich gemeinsam gegen einen stärkeren durchsetzen, oder daß ranghöhere Tiere rangniedere sozusagen protegieren.

➡ Wenn kleinere Kinder in der Familie nicht die Möglichkeit haben, sich gegen den Hund zu behaupten, darf das nicht bedeuten, daß man deshalb eine untergeordnete Stellung des Kindes dem Hund gegenüber hinnimmt. Man kann die eigene Autorität gewissermaßen auf das Kind mit erstrecken, indem man sich mit ihm demonstrativ solidarisiert. Und natürlich darf man Hund und Kind in einer solchen Konstellation niemals unbeaufsichtigt allein lassen!

5. Symbole der alpha-Stellung: Wer frißt zuerst?

Eine tragende Säule der Hierarchie im Wolfsrudel ist die Futterrangordnung. Zu den Vorrechten ranghöherer Gruppenmitglieder gehört deshalb das Recht, zuerst fressen zu dürfen.

➡ Also füttern Sie den Hund konsequent und demonstrativ **nach** Ihren Mahlzeiten. Überlassen Sie ihm sein Futter niemals als sein Eigentum. Behalten Sie sich das Recht vor, es ihm immer wieder einmal wegzunehmen. Selbst aus dem Maul. Dasselbe gilt für den Kauknochen.

6. Symbole der alpha-Stellung: Wer gibt wem etwas ab?

Der Chef teilt sein Futter nicht.

➡ Geben Sie dem Tier also nichts von Ihrem Essen ab. Im Umkehrschluß: Nehmen Sie ihm das Futter immer wieder einmal weg. Zu hart? Nicht doch! Diese Art subtiler „Schikane" ist tausendmal besser, als wenn man ein Tier, das aus der Rolle fällt, mit Brachialgewalt zur Räson bringen müßte, oder?

**7. Symbole der alpha-Stellung:
Wem stehen die begehrtesten Liegeplätze zu?**
Der Leitwolf sucht sich die angenehmsten Liegeplätze aus.
➡ Lassen Sie nicht zu, daß Ihr Hund bestimmte Sitzgelegenheiten für sich in Anspruch nimmt. Hunde auf dem Sofa, auf dem Fernsehsessel oder im Ehebett, die einen womöglich anknurren, wenn man sie herunterbefördern will, machen nicht nur alles schmutzig, sie sind vor allem auch gefährlich. Umkehrschluß: Sie sollten jederzeit in der Lage sein, für sich den Hundekorb zu beanspruchen.

8. Symbole der alpha-Stellung: Wer hat den Vortritt zu den schönsten Dingen des Lebens?
Der Rudelführer hat als erster Zugang zu allerlei attraktiven Dingen.
➡ Lassen Sie einen dominant veranlagten Hund nicht als erster durch Türen gehen. Machen Sie ihm klar, daß nicht nur sein Futter, sondern auch Spielzeug, Kauknochen, Stöckchen, etc. Ihnen gehören. Alle diese Dinge werden dem Hund für eine gewisse Zeit zur Verfügung gestellt, aber dann wieder einkassiert. Es darf niemals vorkommen, daß das Tier irgendwelche Gegenstände als sein Eigentum gegen Sie verteidigt!

**9. Symbole der alpha-Stellung:
Imponierverhalten durch Urinmarkieren**
Ranghöhere Wölfe zeigen ein ausgeprägtes und demonstratives Markierungsverhalten.
➡ Wenn ein Hund im Beisein seines Besitzers demonstrativ z.B. an den Schrank oder an andere Stellen in der Wohnung pinkelt, ihm dabei womöglich noch keck und herausfordernd ins Gesicht guckt, dann bringt er damit zum Ausdruck, daß er durchaus vorhat, die Karriereleiter höher zu klettern. Es handelt sich dabei also nicht um ein Unsauberkeits-, sondern um ein Dominanzproblem. Und wenn ein Hund einem Menschen ans Hosenbein pinkelt... Na ja, geht es denn noch deutlicher?

**10. Symbole der alpha-Stellung:
Imponierverhalten durch Aufreiten**
Die höhergestellten Tiere können es sich erlauben, bei rangniederen Rudelmitgliedern aufzureiten. Damit ist gemeint, daß ein Tier dem anderen mit den Vorderbeinen auf den Rücken steigt, so ähnlich wie beim Deckakt. Es handelt sich dabei um eine Geste der Dominanz und nicht um etwas Sexuelles. Daher kommt diese Verhaltensweise auch zwischen zwei männlichen oder zwei weiblichen Partnern vor.
➡ Wenn ein Hund das Bein einer Person umklammert und dabei die Bewegungen des Deckaktes nachahmt, sollte man das nicht durchgehen lassen. Wenn er es mit einem kleinen Kind macht, das sich dagegen noch nicht selbst wehren kann, solidarisieren Sie sich demonstrativ mit dem Kind und rufen Sie das Tier zur Ordnung. Im Umkehrschluß: Gewöhnen Sie den Welpen von Anfang an daran, daß er sich jederzeit von allen Familienmitgliedern überall und auch von hinten über die Kruppe anfassen läßt. Gerade dies ist eine sehr deutliche Dominanzgeste Ihrerseits dem Hund gegenüber und sollte daher gerade bei dominant veranlagten Tieren von Welpenbeinen an geübt werden.

11. Symbole der Macht: Wer fängt gemeinsame Aktivitäten an und wer beendet sie?
Ranghöhere Tiere fangen Sozialkontakte und gemeinsame Aktivitäten an und beenden sie von sich aus.
➡ Vorsicht also bei einem Hund, der selbst bestimmt, wann er gestreichelt werden möchte und wann nicht, oder der Sie beim Spielen einfach stehen läßt. Brechen Sie das Spiel möglichst immer von sich aus ab, bevor es der Hund tut. Und gewöhnen Sie ihn an ein Pflegeritual, bei dem er sich von Ihnen überall anfassen lassen muß.

**12. Das Heulen:
Ausdruck für Kummer und Not?**
Wölfe heulen, um über große Entfernungen Kontakt zueinander aufzunehmen. Das Heulen ist „ansteckend", so daß ein Chorheulen entsteht, das besagt: „Wir gehören zusammen".
→ Erschrecken Sie also nicht, wenn Ihr Hund einmal heult, so schauerlich es in Ihren Ohren auch klingen mag. Er hat keine Schmerzen, sondern er hat entweder einen anderen Hund oder eine Sirene gehört und „antwortet", oder er versucht gerade, Kontakt zu Artgenossen aufzunehmen. Sie können davon ausgehen, daß er dies mit außerordentlichem Genuß tut. Keinesfalls leidet er, wie es viele Hundehalter in solchen Momenten befürchten.

13. Der Umgang mit Artgenossen: Vermeidung von Schaden durch ritualisierte Verständigung
Im Wolfsrudel fließt bei Auseinandersetzungen kaum jemals Blut. (Wenn das anders wäre, hätten wir diese Tiere nie zu Gesicht bekommen, denn, so gut bewaffnet, wie sie nun einmal sind, hätten sie sich schon längst gegenseitig ausgerottet.) Sie verständigen sich ritualisiert, d.h. mit Imponier- und Drohgebärden auf der stärkeren und Beschwichtigungsgesten auf der schwächeren Seite und mit Scheinkämpfen ohne Beschädigungscharakter. Mit anderen Worten: viel Getue, wenig Schaden.
→ Lassen Sie deshalb zu, daß Ihr Hund anderen Hunden frei begegnet. Die machen das schon! (Immer vorausgesetzt, daß alle Tiere sozialisiert sind und sich noch wie Hunde benehmen können.) Selbst, wenn es dabei einmal sehr laut und furchterregend zugeht und Sie um das Leib und Leben Ihres kleinen Lieblings fürchten: Das meiste ist doch nur Spektakel.

14. Der Umgang mit Artgenossen: Wann sind ernsthafte Kämpfe möglich?
Ernsthafte Beschädigungskämpfe sind die Ausnahme. Sie finden fast immer zwischen gleichgeschlechtlichen Tieren statt, die sich kennen und wissen, daß sie aufgrund gleicher Größe, Kraft oder Erfahrung gewissermaßen „remis" stehen. Diese Kämpfe verlaufen in der Regel übrigens leise und schnell.
→ Sie müssen also für Ihren Hund nicht die Situationen fürchten, wo er auf ein ungleich größeres, stärkeres Tier trifft, denn hier ist die Rangordnung von vornherein klar. Wie gesagt, immer vorausgesetzt, daß sich die Tiere wie normale Hunde benehmen können.

**15. Der Umgang mit Artgenossen:
Der Welpenschutz**
Erwachsene und selbst Leitwölfe sind Welpen gegenüber unglaublich tolerant, fürsorglich und oftmals auf eine schon geradezu komische

Weise hilflos. Mit anderen Worten, die Welpen können die Großen so ziemlich um die Fingerchen wickeln. Völlig egal, was sie sich für Frechheiten herausnehmen, wenn sie sich auf den Rücken werfen und pinkeln (was sie natürlich prompt und gekonnt tun, sobald es darauf ankommt), sind sie für jeden noch so verärgerten Erwachsenen tabu.

➡ Haben Sie also keine Angst um Ihren Welpen, wenn er auf andere Hunde trifft. Er genießt Welpenschutz, kein geistig gesunder erwachsener Hund wird ihm etwas antun.

16. Der Umgang mit Artgenossen: Die Pubertät

In der Pubertät werden die Halbstarken von den Erwachsenen allerdings öfter gemaßregelt. Gerade junge Rüden, die unverhältnismäßig stark nach männlichen Hormonen riechen, werden häufig zurechtgewiesen.

➡ Auch hier gilt: Lassen Sie die Tiere gewähren. Selbst wenn sich Ihr Hund, nachdem er erst ziemlich frech zu den Erwachsenen war, gebärdet, als wollten diese ihn glattweg umbringen, schreit, quiekt und Spektakel macht. Er wird den Augenblick erkennen, wann es unumgänglich ist, ganz kleine Brötchen zu backen und sich brav zu ergeben.

17. Beschwichtigungsverhalten: Harnabsatz bei Welpen

Welpen schmeißen sich, wenn es brenzlig wird, auf den Rücken und/oder sie setzen Urin ab, um Erwachsene zu beschwichtigen. Sie verlassen sich darauf, daß das funktioniert.

➡ Wenn Ihr Welpe also jedesmal „vor Freude" eine kleine Pfütze macht, sobald jemand zur Tür hereinkommt, darf er dafür niemals bestraft werden. Für ihn, der Sie ja nur beschwichtigen wollte, bricht sonst eine kleine Welt zusammen. Natürlich würde er daraufhin versuchen, Sie das nächste Mal noch mehr zu beschwichtigen, und die Pfütze würde nur größer ausfallen.

18. Beschwichtigungsverhalten: Warum läuft der Welpe zu jedem Fremden hin?

Wolfswelpen tapsen, sobald sie laufen können, den ankommenden Erwachsenen entgegen, um ihnen durch eine Reihe von Beschwichtigungsgesten klarzumachen, daß auch sie zum Rudel gehören.

➡ Darum läuft auch Ihr Welpe jedem Spaziergänger so fröhlich entgegen. Lassen Sie ihn, das ist ganz natürlich. Er wird später dennoch genau wissen, wo er hingehört.

19. Beschwichtigungsverhalten: Mundwinkel-, Hände- und Gesichtbelecken

Die Kleinen versuchen dabei die Schnauze und die Mundwinkel der ankommenden Erwachsenen zu belecken. Einerseits als Beschwichtigungsgeste und andererseits, um sie dazu zu bringen, ihnen Futter vorzuwürgen. Übrigens, auch dieser Trick funktioniert hundertprozentig: Der größte Griesgram macht nach einem solchen Empfang durch die Kleinen ein dumm-hilfloses Gesicht und einen langen Hals und würgt den Welpen all das schöne Futter vor, das er vermutlich liebend gern selbst im Magen behalten hätte.

➡ Das ist der Grund, warum Ihnen Ihr Welpe auch so gerne einmal durchs Gesicht schlabbert oder wenigstens Ihre Hände beleckt. Da dieses prinzipiell ein freundliches Verhalten ist, sollte man es nach Möglichkeit nicht unterbinden. Vielleicht könnte man den Hund einmal öfter entwurmen und sich öfter die Hände waschen?

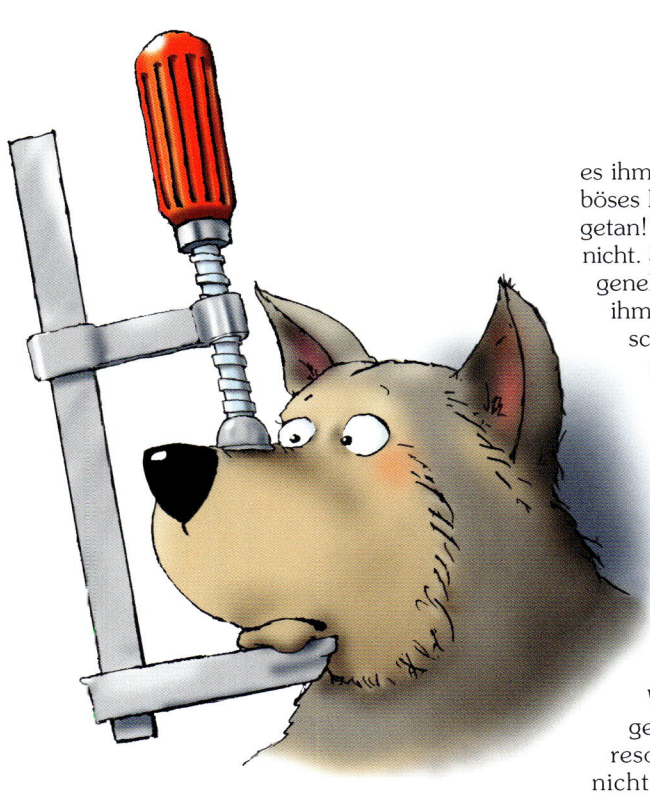

20. Die Entwicklung der Beißhemmung

Hunde haben keine angeborene Beißhemmung. Sie entwickeln sie, indem sie ohne Hemmungen auf ihre Geschwister losbeißen, diese natürlich sofort und ebenso hemmungslos zurückwacken und sie auf diese Weise feststellen: „Komisch, wenn ich einen anderen beiße, tut mir das immer gleich so weh…"

➡ Machen Sie Ihrem Welpen zu Hause klar, daß es auch Ihnen weh tut, wenn er Sie mit seinen scharfen Milchzähnchen anknabbert. Er kann das schließlich nicht ahnen. Sie können es ihm auch nicht erklären, etwa so: „Du du, böses Hundchen, du hast Frauchen aber weh getan!" Könnte er das verstehen? Natürlich nicht. Sorgen Sie also dafür, daß es ihm unangenehm ist, Sie zu malträtieren, indem Sie ihm den Fang zuhalten, ihm in die Augen schauen und „Nein!" rufen. Wenn das nichts hilft, beißen Sie meinetwegen zurück oder, wenn Ihnen das zu haarig ist, geben Sie ihm einen kleinen Klaps unter das Kinn. Auge um Auge, Zahn um Zahn…

Ermächtigen Sie auch Ihre Kinder, sich, unter Wahrung der Verhältnismäßigkeit, ebenfalls zu wehren, denn auch sie sind kein Kauspielzeug. Je schneller der Hund das begreift, um so besser für alle.

21. Strafen mit der Hand?

Wolfsmütter bestrafen ihre kleinen Rangen, wenn diese gar zu nervig werden, resolut und vor allem prompt. Und das nicht etwa mit einer zusammengerollten Zeitung, sondern mit ihrem Fang. Die Welpen lernen trotzdem nicht, Angst vor Mutters Maul zu haben, sondern sie lassen den Unsinn. Ganz einfach.

➡ Wenn es also unumgänglich ist, Ihren Hund zu bestrafen, dann sollte das postwendend geschehen, damit für das Tier die Strafe mit dem, was es gerade getan hat (oder noch besser, mit dem, was es gerade tut), in unmittelbarem Zusammenhang steht. Dabei ist nicht so sehr die Frage entscheidend, ob an der Strafe nun Ihre Hand beteiligt ist oder nicht, sondern vielmehr die Schnelligkeit Ihrer Reaktion.

22. Der Folgetrieb bei Welpen: Eine praktische Einrichtung

Die Kleinen müssen selbst aufpassen, daß sie bei gemeinsamen Ausflügen nicht verloren gehen. Die Mutter achtet nicht besonders darauf, daß das kleine Rudel zusammenbleibt.

➡ Sie müssen also nicht befürchten, daß Ihnen Ihr kleiner Welpe gleich wegläuft, wenn Sie ohne Leine mit ihm spazierengehen. Im Gegenteil. Gerade jetzt können Sie ihn daran gewöhnen, Ihnen stets zu folgen. Zum Beispiel indem Sie sich öfter einmal vor ihm verstecken oder unvermittelt in eine andere Richtung laufen.

23. Wälzen in Kot und Aas: Unappetitlich aber normal

Wölfe, aber auch viele andere Jäger tarnen ihren Körpergeruch, indem sie sich in Kot von Pflanzenfressern oder in Aas wälzen.

➡ Natürlich ist es nicht gerade appetitlich, wenn sich unser Hund mit einem Kuhfladen oder Schlimmerem parfümiert. Ein gut erzogenes Tier kann jederzeit davon abgehalten werden, vorausgesetzt, daß der Besitzer die Absicht des Tieres rechtzeitig mitbekommt. Wenn es aber schon passiert ist und der Hund zum Himmel stinkend und freudestrahlend auftaucht, wäre es ganz falsch, ihn dafür auszuschimpfen, denn es handelt sich bei dieser Geruchstarnung um eine völlig natürliche Verhaltensweise, die aus der Sicht des Tieres durchaus Sinn macht. Also ab nach Hause und unter die Dusche... Es stimmt übrigens nicht, daß man Hunde „nur zweimal im Jahr" und „Jungtiere überhaupt nicht" baden dürfe. Man kann Hunde bei Bedarf jederzeit baden, vorausgesetzt, daß man das richtige Hundeshampoo verwendet. Shampoos für Menschenbabys, die vielfach aus Unwissenheit verwendet werden, sind für Hunde etwa so passend und sanft wie Kauknochen für Kleinkinder...

24. Gemeinsames Jagen: Warum man nicht hinter dem Hund herrennen sollte

Wölfe jagen gemeinschaftlich.

➡ Wenn Ihnen Ihr halbwüchsiger Hund einmal ausbüxst und Sie hinterherrennen, wird er es prima finden, daß Sie mitmachen. Und noch schneller rennen. Yippeeeh!...

25. Ständiger Hunger: Ein Problem? Und wenn ja, für wen?

Wölfe können mit ihrer gemeinschaftlichen Jagdtechnik selbst relativ große Pflanzenfresser, wie z.B. Hirsche, erlegen, allerdings schlagen sie in der freien Natur viel seltener Beute, als ihnen lieb ist. Deshalb verschlingen sie das erlegte Stück vor lauter Hunger sehr hastig, wobei jedes Tier versucht, so viel wie nur möglich zu ergattern und „auf Vorrat" zu fressen.

➡ Die meisten Hunde sind darauf programmiert, nach Möglichkeit ebenfalls „auf Vorrat" zu futtern, nach dem Motto: „Wer weiß, wann es das nächste Mal wieder etwas gibt..." Bekämer sie so viel zu fressen, wie sie vertilgen können, würden sie binnen kürzester Zeit vollkommen verfetten. Lassen Sie sich also nicht davon irritieren, wenn Ihr Hausgenosse einen ständig hungrigen Eindruck macht. Das ist bei den meisten Hunden sozusagen der Normalzustand und einfach nicht zu ändern. Es sei denn auf Kosten ihrer Gesundheit.

26. Auswürgen und Wiederauffressen von Futter: Normalverhalten kann eklig sein!
Wölfe verschlingen, wie gesagt, alles, was sie von der gemeinsamen Beute ergattern können, in erstaunlichen Mengen und in großer Eile. Häufig ziehen sie sich dann in eine ruhige Ecke zurück, würgen den Mageninhalt aus und vertilgen ihn gleich noch einmal in Ruhe, wobei sie das Zeug diesmal etwas sorgfältiger durchkauen.
➡ Auch bei Hunden kommt diese Verhaltensweise vor, besonders wenn es sich um subdominante, also eher unterwürfige, sehr hastige Fresser handelt. Selbst, wenn es uns zutiefst

anekelt, wie sich unser Hundetier genüßlich über das soeben Erbrochene hermacht, im Grunde genommen ist das für ihn etwas vollkommen Normales, es fällt uns einfach bloß schwer, es nachzuvollziehen. Geschmäcker sind eben verschieden…

27. Die Zusammensetzung der Ration: Das Märchen vom reinen Fleischfresser
Wölfe fressen ihre Beute im wahrsten Sinne mit Haut und Haaren und überhaupt allem, was daran und darin nur irgendwie zu verwerten ist. Bei Licht betrachtet besteht also nur ein Teil der

Nahrung aus Muskelfleisch. Gerade der Darm und der Magen der Beutetiere, die zuallererst aufgefressen werden, enthalten große Mengen pflanzlicher Kost.

➡ Deshalb muß der Gedanke, Hunde seien Fleischfresser, relativiert werden. Man tut ihnen mit einer reinen Fleischfütterung keineswegs einen Gefallen, selbst dann nicht, wenn es sich dabei um Filetspitzen handeln sollte. Gerade die Aufzucht größerer, schnellwachsender Rassen erfordert eine in Bezug auf Energie, Kalzium und Phosphor ausgewogene, gut durchdachte Ration, deren Zusammenstellung einiges an Fingerspitzengefühl und an Fachwissen erfordert. Oder man nimmt ein Fertigfutter, das für das jeweilige Alter, für die Größe und für die Rasse des Tieres geeignet und möglichst frei von chemischen Zusatzstoffen ist. Wenn Hunde z.B. Pferdeäpfel, Kuhmist oder Kaninchenkot aufnehmen, so ist das übrigens kein Grund zur Panik, denn der Kot von Pflanzenfressern enthält viele natürliche Bestandteile, die unseren Hunden guttun. Regelmäßige Wurmkuren bitte nicht vergessen!

28. Die Scheinschwangerschaft: Eine Krankheit?

Im Wolfsrudel bekommen nur der Leitwolf und die Leitwölfin Nachwuchs. Aber alle erwachsenen weiblichen Tiere können die Welpen säugen, obwohl sie weder gedeckt wurden, noch selbst Junge haben.

➡ Wenn Ihre Hündin scheinschwanger wird, dann handelt es sich dabei nicht um eine Krankheit. Es ist vielmehr ein natürlicher Zustand. Mangels Babys, die es zu versorgen gilt, kann dieser Zustand bei manchen Hündinnen allerdings zu einer körperlichen und psychischen Belastung werden (siehe Kapitel 4). Bei diesen Hündinnen ist eine Behandlung angezeigt.

So, ich denke, in Kenntnis all dieser Dinge sind Sie für das, was in den nächsten Jahren auf Sie zukommen wird, ganz gut gerüstet. „Ja, aber", werden Sie jetzt sagen, „es ist prima, über Leitwölfe, angeborene Verhaltensmuster und Scheinkämpfe ohne Beschädigungscharakter Bescheid zu wissen, aber jetzt verraten Sie uns erst einmal, wie wir unser Mäxchen sauber bekommen!..." Sie haben vollkommen recht. Sie haben ganz praktische, alltägliche, kleine Probleme und möchten konkrete Antworten auf konkrete Fragen.

Und dennoch, ob Sie es in diesem Moment nachvollziehen können oder nicht: Was Sie brauchen, sind nicht „Kochrezepte". Keine sture Gebrauchsanweisung und Dressuranleitung für Ihren Hund. Es ist unendlich viel wichtiger für Sie, zu begreifen, warum er in bestimmten Situationen so und nicht anders reagieren wird und nicht anders reagieren kann. Ihn von Anfang an wirklich zu verstehen. Dann kommen Sie mit ihm in jeder Lebenslage zurecht.

Lernverhalten bei Hunden:
Das Prinzip des unmittelbaren Erfolgs

Als es um die erste Nacht des Welpen in seinem neuen Zuhause ging (Kapitel 12), habe ich Ihnen folgendes geraten: „Überhören Sie es einfach, wenn der Welpe quengelt." Und: „Hat er sich beruhigt? Na wunderbar! Gehen Sie jetzt zu ihm, streicheln Sie ihn und flüstern Sie ihm etwas Nettes ins Ohr." Sie haben sicherlich gedacht, das sei ein Druckfehler, nicht wahr? Oder gar, ich sei von allen guten Geistern verlassen?

Denn wieso sollten Sie ein quengelndes, hilfloses, goldiges Hundekind, das zudem noch vor wenigen Stunden seine Mama und die Geschwister verloren und nun gar keinen mehr zum Kuscheln hat und deshalb kreuzunglücklich ist, nicht ein bißchen trösten? Und ihm gut zureden: „Ist ja schon guuuut... Herrchen ist ja da..." etc. Vielleicht beruhigt er sich ja...

Natürlich beruhigt er sich. Aber für wie lange? Denn kaum, daß er sich unter Ihren streichelnden Händen nebst Gemurmel wohlig zum Schlafen zusammengekringelt hat und Sie versuchen, sich auf leisen Sohlen davonzustehlen, ist er wieder hellwach. Und protestiert. Aus Leibeskräften. Also können Sie wieder zu ihm zurück. Erneutes Streicheln, Gemurmel...

Zur BELOHNUNG
über Disziplin
und Gehorsam
Über Nölen
und Nerven
nach ÄRGER

Prompter Erfolg. Der Welpe ist zufrieden und schlummert friedlich. Versuchen wir doch, uns ins Bett zu schleichen... Denkste! Noch mal von vorne...

Na ja, dieses Spielchen kann er mit Ihnen in einer einzigen Nacht unzählige Male veranstalten, bis einer von Ihnen vor Erschöpfung aufgibt. Vermutlich tun Sie es, als kleiner Hund ist man da sehr ausdauernd.

Denn Hunde lernen aus dem unmittelbaren Erfolg bzw. Mißerfolg ihres eigenen Tuns. In diesem Fall geht es dem Welpen eindeutig darum, Sie dazu zu bringen, sich zu ihm hinzubegeben, ihn zu streicheln, mit ihm zu reden, für ihn da zu sein. Klar. Wer ist schon gerne als Hundekind in der großen, dunklen Nacht allein? Wenn Sie sich mit ihm also abgeben, wenn er jault, dann jault er, damit Sie sich mit ihm abgeben. So einfach ist das. Man kann einem Hund auf diese Weise das nächtliche Konzertemachen geradezu andressieren...

Jetzt denken Sie bloß nicht, daß es hilft, wenn Sie ihm ordentlich die Meinung über sein Krakeelen sagen. „Du, du, böses Hundchen, du weckst ja alle Nachbarn! Nun sei doch endlich brav!". Nicht einmal, wenn Sie deutlicher werden: „Jetzt reicht´s mir aber endgültig! Zum Donnerwetter noch mal!" Vermutlich denkt Ihr Welpe nämlich im Stillen, daß es immer noch mehr Spaß macht, gelegentlich einmal mit einem schimpfenden Herrchen oder Frauchen zu tun zu haben als mit gar keinem. Und wird daher mit schöner Regelmäßigkeit dafür sorgen, daß Sie an seinem Heiabettchen erscheinen. In welcher seelischen Verfassung auch immer.

Natürlich könnten Sie einen Hund theoretisch für das unerwünschte Verhalten, also für die Ruhestörung, auch bestrafen. Durchschütteln, einen Klaps geben oder ähnliches. Nach dem Prinzip: Wenn die Konsequenz nur unangenehm genug ist, wird er sein Verhalten schon ändern. Bitte, tun Sie es nicht! Wir wollen das gemeinsame Leben nicht gleich mit Gewalttätigkeiten anfangen. Und wir wollen schon gar nicht, daß der Welpe lernt, Angst davor zu haben, wenn Sie auftauchen. Bleiben Sie einfach standhaft und verfahren Sie konsequent nach folgendem Prinzip:

„Du willst Zuwendung? OK. Paß auf, wir machen einen Deal: Du sollst Zuwendung haben. Aber ausschließlich dann, wenn du ruhig und manierlich bist. Mit Herumkrakeelen erreicht man hier nämlich gar nichts."

Sehen Sie, das ist der Grund, weswegen Sie den Hund gerade dann von Zeit zu Zeit streicheln und ansprechen sollten, wenn er ruhig ist. Selbst auf die Gefahr hin, daß Sie ihn aus seinem seligen Schlummer wecken könnten. Denn erstens, er hat morgens, anders als Sie, keine Termine und kann folglich ausschlafen. Und zweitens wollen Sie ja, daß ihm ein kleines Licht aufgeht: „Ist man ruhig, schläft oder kuschelt man brav, dann kommen sie zu einem hin, schauen nach einem und sind richtig nett. Und außerdem: Ich bin ja gar nicht allein! Gääähn... Schnarch..."

Wo soll der Welpe schlafen?

Unsere zivilisierte Welt neigt zu Extremen. So auch in dieser Frage.

Ein gar nicht so unbedeutender Anteil der Hundehalter nimmt den Hund mit ins Bett. Zumindest gelangen diese Tiere des Nachts „irgendwie, keiner weiß wie", aufs Fußende oder auch mal auf die Besucherritze. Wenn Sie rein gefühlsmäßig auch zu dieser Lösung neigen, will ich Ihnen den Spaß am Kuscheln bestimmt nicht vermiesen. Vorausgesetzt natürlich, daß Ihr Hund ein außerordentlich defensives, friedliches Exemplar einer kleinen Rasse ist. Denn bei etwas größeren oder dominant veranlagten Tieren kann eine solche Lösung später ausgesprochen unangenehme Nebenwirkungen haben. Dazu kommen wir gleich noch.

Hüten Sie sich bitte vor Übergangslösungen. Wenn Sie den Welpen, nur weil er so klein und knuddelig ist und so herzig guckt, „vorerst, nur mal übergangsweise" mit ins Bett nehmen, dann werden Sie feststellen müssen, daß seine spätere Ausquartierung auf ganz erheblichen Widerstand stoßen wird. Er wird dafür überhaupt kein Verständnis haben und entsprechend unglücklich darüber sein. Sie können also davon ausgehen, daß das gemeinsame Nächtigen, einmal angefangen, dann auch eine Dauereinrichtung wird. Mit allen Konsequenzen, zum Beispiel hygienischer Art. Ein erwachsener oder gar alter Hund im Bett zum Beispiel ist in aller Regel weit weniger appetitlich als ein Welpe.

Die Idee, das Hundequartier im Kinderzimmer aufzuschlagen, erscheint geradezu genial. Auf den ersten Blick jedenfalls. Kinder zufrieden, Welpe zufrieden, was will man mehr? Aber auch hier gilt: Man sollte die endgültige Größe und die Mentalität der Rasse bedenken. Bei größeren oder dominant veranlagten Hunden ist von der Unterbringung im Kinderzimmer dringend abzuraten. Solche Tiere sollte man mit Kindern ohnehin nie unbeaufsichtigt alleine lassen. Bei kleinen Rassen wiederum müssen Sie damit rechnen, daß Hund und Kind am Ende in wahrsten und im übertragenen Sinn „unter einer Decke stecken". Da sind sich besagte Hunde- und Menschenkinder sehr einig.

Bei vielen Tierbesitzern müssen die Hunde im Keller, in der Küche, im Treppenhaus, im Zwinger, aber auf jeden Fall allein übernachten. Koste es, was es wolle. Aus Prinzip. Nun, wenn Sie Ihren Hund absolut nicht in der Nähe Ihrer Schlafstätte haben wollen, weil er nach Hund riecht oder weil er schnarcht oder weil so etwas für Sie einfach nicht in Frage kommt, so ist das ein akzeptabler Standpunkt. Aber wenn Sie ihn nur deshalb allein übernachten lassen, weil Sie meinen bzw. gehört haben, daß das gut für ihn sei, dann befinden Sie sich in einem bedauerlichen Irrtum.

Wären Hunde in ihrer natürlichen Umgebung im Rudel, würden sie mit ihren Rudelgenossen in Hör-, Sicht- und Riechkontakt schlafen. Auch für Ihr Tier ist es deshalb artgerecht und darum auch gesund, irgendwo in Ihrer Nähe untergebracht zu sein. In einer Ecke des Schlafzimmers oder zumindest vor der Tür. Es ist schön für ihn, gerade auch nachts zu spüren, daß seine wichtigsten Menschen in der Nähe sind. Aber: Er bekommt seinen Liegeplatz zugewiesen! Gestatten Sie ihm niemals, die Betten der Familienmitglieder zu okkupieren.

Warum? Was ist daran so wichtig, wo der Hund schläft?

Nun, im Wolfs- oder Hunderudel suchen sich höhergestellte Tiere schon allein aus Statusgründen die angenehmsten Liegeplätze aus (siehe auch Kapitel 16), und diese sind dann für die Untergebenen tabu. Die Tiere nächtigen zwar zusammen, jedoch ohne Körperkontakt, sondern vielmehr unter Wahrung der sogenannten Individualdistanz, die von den anderen, und gerade auch von allen jeweils unterlegenen Tieren, nicht unterschritten wird.

Das heißt für Sie als Familienrudel also, daß es wünschenswert wäre, wenn Ihr Hund in Ihrer Nähe nächtigen dürfte. Aber auf einem ihm von Ihnen zugewiesenen Platz. Und der darf, gerade bei größeren und dominant veranlagten Rassen, niemals Ihr Bett sein oder geschweige denn das Ihrer Kinder.

Bei Hunden, die das Sofa, den Fernsehsessel oder gar das Ehebett zu ihrem Eigentum erklären und grummeln oder gar knurren, wenn man sie dort hinunterbefördern will, sind Bißverletzungen in naher Zukunft vorprogrammiert. Denn wer sich den schönsten Schlafplatz aussuchen darf, ist bei Wölfens der Boß. Und der wird sich dann natürlich auch aufführen wie der Boß.

Bringen Sie dem Tier deshalb von Anfang an bei, daß Sie und Ihre Familienmitglieder ihm zwar seinen Schlafplatz jederzeit streitig machen können (ja, setzen Sie sich ruhig zwischendurch einmal demonstrativ ins Hundekörbchen!), er aber den Ihren noch lange nicht! Denn, wie ich Ihnen schon sagte: Sie können Ihrem Tier durch solche Maßnahmen zwar sehr deutlich, aber ohne Gewalt aufzeigen, daß Sie in der familiären Rangordnung weit über ihm stehen. Und sich und dem Tier dadurch auf Dauer viel Kummer und Rangordnungsunsicherheiten ersparen.

Ein kleines Nest fürs Hundekind: die Box

Wir sagten bereits, daß Sie für die ersten Monate Ihres gemeinsamen Lebens mit dem Welpen eine Box anschaffen sollten. Wozu das?

Nun, es ist sinnvoll, wenn das Tier in Ihrer Nähe schlafen kann (siehe voriges Kapitel), aber so, daß er dabei weder ständig in Ihr Bett krabbeln, noch das Schlafzimmer verunreinigen, noch dummes Zeug anstellen kann. Die Nacht ist zum Schlafen da. Für Hundekinder, die ja noch viel Schlaf brauchen, erst recht. Nicht nur Sie, auch er wird schneller zur Ruhe kommen, wenn er einen festen Schlafplatz zugewiesen bekommt, den er zunächst einmal nicht verlassen kann.

Darüber hinaus bleibt er so in der Nacht stubenrein, vorausgesetzt, daß die Box nicht zu groß ist. Hunde machen ihre Geschäfte nämlich nicht gerne ins eigene Nest. Wenn Sie mit ihm in der ersten Zeit nachts alle vier Stunden Gassi gehen (so lange kann auch ein Welpe aufhalten), dann kommt es gar nicht erst zu nächtlichen Unsauberkeiten. Allmählich kann der Zeitpunkt des Gassigehens gegen Morgen verschoben werden und bald haben Sie einen (zumindest nachts) stubenreinen Hund, der zudem noch durchschläft und keine nächtlichen Aktivitätsschübe entwickelt, die er auf Kosten Ihrer Einrichtung und vor allem Ihrer Nerven auslebt.

Auch tagsüber erfüllt die Box als „Nestchen" ihren Zweck als ein privater Ort der Ruhe und der Besinnung. Junge Hunde benötigen, genau wie Menschenkinder, einen halbwegs geregelten Rhythmus, d.h. eine gewisse Gliederung des Tages in Schlaf-, Wach-, und Spielphasen. Es muß Zeiten geben, wo wir uns ihnen intensiv zuwenden, aber eben auch Phasen der „stillen Beschäftigung" und des Rückzuges. Sie brauchen die Möglichkeit, sich für eine bestimmte Zeit alleine beschäftigen zu können, und einen Ort, wo sie nicht gestört werden aber auch andere nicht stören. Das ist auch dann der Fall, wenn der Welpe die Notwendigkeit eines eigenen Refugiums zunächst einmal überhaupt nicht einsieht und gegen solcherlei neumodischen Erziehungsschnickschnack kräftigst protestiert.

Außerdem: Gewisse Dinge des täglichen Lebens kann man ohne die tatkräftige Mithilfe eines Welpen einfach besser erledigen. Haben Sie schon einmal eine Küche gewischt, wobei Ihnen ein wildgewordenes Hundekind knurrend am Wischmop hing? Dann wissen Sie, was ich meine. Von Attacken gegen den Staubsauger („Keine Angst, ich werde das Monster schon vertreiben!!"), Schlabbern im Putzeimer („Mal gucken, „wie das schmeckt?") und Hilfe beim Bettenmachen („Du ziehst an einem Ende und ich am anderen, das macht Spaß!") einmal ganz zu schweigen. Auch ist es schön, ihn in Sicherheit zu wissen, wenn man ihn einmal nicht im Auge behalten kann.

Aber Vorsicht! Die Box darf weder zur Aufbewahrungs- noch zur Strafanstalt verkommen. „Heute habe ich wenig Zeit, dann lassen wir ihn eben drin" wäre genauso falsch wie „Böser Hund, was hast du wieder angerichtet, dafür kommst du jetzt in die Box!"

Im Gegenteil! Der Aufenthalt des Welpen in seinem Nestchen sollte tagsüber nur etwa dreimal eine halbe bis eine Stunde dauern. Und selbstverständlich sollte er für den Hund angenehm und attraktiv sein. Zum Beispiel, indem es ein besonders schönes Spielzeug oder den absoluten Superlieblingskauknochen nur dort drinnen gibt. (Siehe auch Kapitel 31)

Kleiner Tip: besorgen Sie sich beim Schlachter einen großen Röhrenknochen. Kochen Sie ihn einmal durch, um ihn zu sterilisieren. Jetzt kommt die Überraschung: stopfen Sie in die Mitte des Hohlraumes ein Stückchen Wurst der „übelsten" Sorte, z.B. Cabanossi, geräucherten Schinken oder ähnliches, also etwas, was extrem lecker riecht, was Ihr Hund aber nie und nimmer fressen dürfte. Wenn es diesen Kauknochen ausschließlich in der Box gibt, dann wird Ihr Welpe vermutlich viele zufriedene und kurzweilige Stunden mit dem vergeblichen Versuch verbringen, an die wohlriechende Mitte heranzukommen.

Hunde im Zwinger
und was davon zu halten ist

Auf die Gefahr hin, einen Teil meiner Leser auf Anhieb zu verprellen: Ich mag keine Hundezwinger. Schon gar nicht für einen einzeln gehaltenen Hund. Warum? Es ist ganz einfach: Die Zwingerhaltung ist, wenn man dabei psychische Schäden für das Tier vermeiden will, die zeitaufwendigste Hundehaltungsform überhaupt. So zeitaufwendig, daß sie in der Praxis kaum vernünftig zu realisieren ist.

Das bedarf jetzt vermutlich einer Erklärung. Also: Hunde sind soziale Wesen. Sie sind für das Leben im Rudel, ersatzweise in der familiären Gemeinschaft mit ihren Menschen geschaffen. Nicht für die Isolation! Die Gemeinschaft und die Kommunikation mit den Gruppenmitgliedern ist für Hunde so wichtig wie der berühmte Schluck Wasser in der Wüste. Deshalb macht es Hunde seelisch krank, wenn sie isoliert gehalten werden. (Den Ausdruck „seelisch" bitte ich dabei der Einfachheit halber zu akzeptieren, ich denke, daß jeder versteht, was damit gemeint ist.) Man nennt jedenfalls das, was bei einer solchen isolierten Haltungsform entsteht, ein sogenanntes Deprivationssyndrom. Die Folgen sind dann übermäßige Scheu oder Aggressivität (oder beides), kurzum die Unfähigkeit, sozial sicher, kompetent und angstfrei zu reagieren und dabei den Überblick zu behalten.

Wenn man eine solche Entwicklung bei einem Zwingerhund verhindern wollte, müßte man sich ihm mehrere Stunden des Tages widmen. Und wer von uns mag bestimmen, wieviel Zeit der Gemeinschaft solch ein hochsoziales Wesen wie ein Hund braucht, um an Geist und Seele (bitte erneut, diese Ausdrücke einmal so stehen zu lassen) keinen Schaden zu nehmen? Vier Stunden? Sechs Stunden? Acht Stunden?... Wer kann für seinen Hund so viel Zeit aufbringen? Und wenn man sie denn aufbringen kann, würde man das Tier dann nicht eher im Haus halten?...

Die Zwingerhaltung erscheint also vielfach eher dafür gedacht, daß das Tier dort lebe, wo es angeblich hingehört, nämlich draußen, daß man es nicht ständig im Haus herumwuseln hat, wo es nur Dreck macht, und daß man es nach Bedarf hervorholen und weglegen kann, wie es gerade paßt. Alles in allem ist daher die Haltung von Hunden im Zwinger für Menschen, die nicht extrem viel Zeit für ihre Tiere haben, abzulehnen.

Diejenigen Hundebesitzer, deren in Zwingern gehaltenen Tiere dank ihres großen persönlichen Einsatzes gut sozialisiert und absolut glücklich sind, bitte ich meine Ausführungen wohlwollend aufzunehmen in dem Wissen, daß sie die großen Ausnahmen sind und daß es den allermeisten Zwingerhunden leider nicht ganz so gut geht wie ihren eigenen.

Welpen wollen unter Menschen!

Von welchem Züchter, aus welcher Kinderstube Ihr Welpe auch immer kommt, es wird wichtig für ihn sein, daß Sie seine Sozialisation auf Menschen umgehend weiter fortsetzen. Glauben Sie bitte nicht, daß Sie ihn zu Hause „in der ersten Zeit" und „weil er sich erst eingewöhnen solle", vor allem und jedem abschirmen müßten. Im Gegenteil!

Raus mit ihm, mitten ins tägliche Leben! Nehmen Sie ihn mit ins Café, fahren Sie mit ihm Straßenbahn, gehen Sie auf den Wochenmarkt und in die Einkaufspassage. Natürlich müssen Sie darauf achten, daß ihm dabei nichts passiert. Im größten Gedränge sollten Sie ihn tragen, damit ihm keiner auf die Füße tritt. Hauptsache, er ist mit dabei und lernt es, fremde Menschen, Kinder, Lärm, verschiedene Verkehrsmittel usw. als normal zu empfinden. Also alle die Dinge, die im Laufe eines langen Hundelebens auf ihn zukommen werden. Lassen Sie zu, daß Fremde ihn streicheln und seien Sie nicht eifersüchtig (na, ertappt?...), wenn der Welpe darauf altersgemäß richtig, nämlich freudig reagiert. Sie wollen doch auf Dauer einen freundlichen Hund haben, oder nicht? Und vor allem einen, der in Zukunft in unübersichtlichen Situationen einen klaren Kopf und die Ruhe bewahrt. Der gelassen, selbstsicher und souverän reagiert.

Bitte verschieben Sie diese Unternehmungen nicht auf „irgendwann später", denn gerade jetzt, wo Ihr Hund noch so jung ist, hat er die besten Chancen, alle diese Dinge als etwas völlig Normales kennenzulernen. Wenn Ihr Welpe bei diesen Unternehmungen einmal (oder auch öfter) ängstlich reagiert, gehen Sie bitte nicht darauf ein! Lenken Sie ihn statt dessen ab, seien Sie selbst fröhlich und Ihrer Sache sicher und loben Sie jede richtige, also entspannte und angstfreie Reaktion des Hundes. Die innere Einstellung „Hey, Kleiner, da kommen wir beide schon durch! Das ist alles nur halb so fürchterlich. Na siehst du!.." dürfte genau die sein, die Sie in solchen Momenten brauchen werden.

Ein kleiner Tip am Rande, der Ihnen und Ihrem Hund (und außerdem auch noch Ihrem Tierarzt) das Leben zusätzlich erleichtern kann: Machen Sie beim Gassigehen öfter einmal einen Abstecher in Ihre Tierarztpraxis. Halten Sie einen Schwatz mit der Belegschaft oder setzen Sie sich mit Ihrem Hund einfach mal kurz ins Wartezimmer. Sie werden sehen, jede Tierarzthelferin dieser Welt hat für solche Fälle ein Leckerchen für Hundekinder in der Kitteltasche. Und wenn Ihr Hund die Praxis entspannt und freudig betritt („Juhuu, es geht zum Tierarzt!..."), dann ist für alle Seiten viel gewonnen.

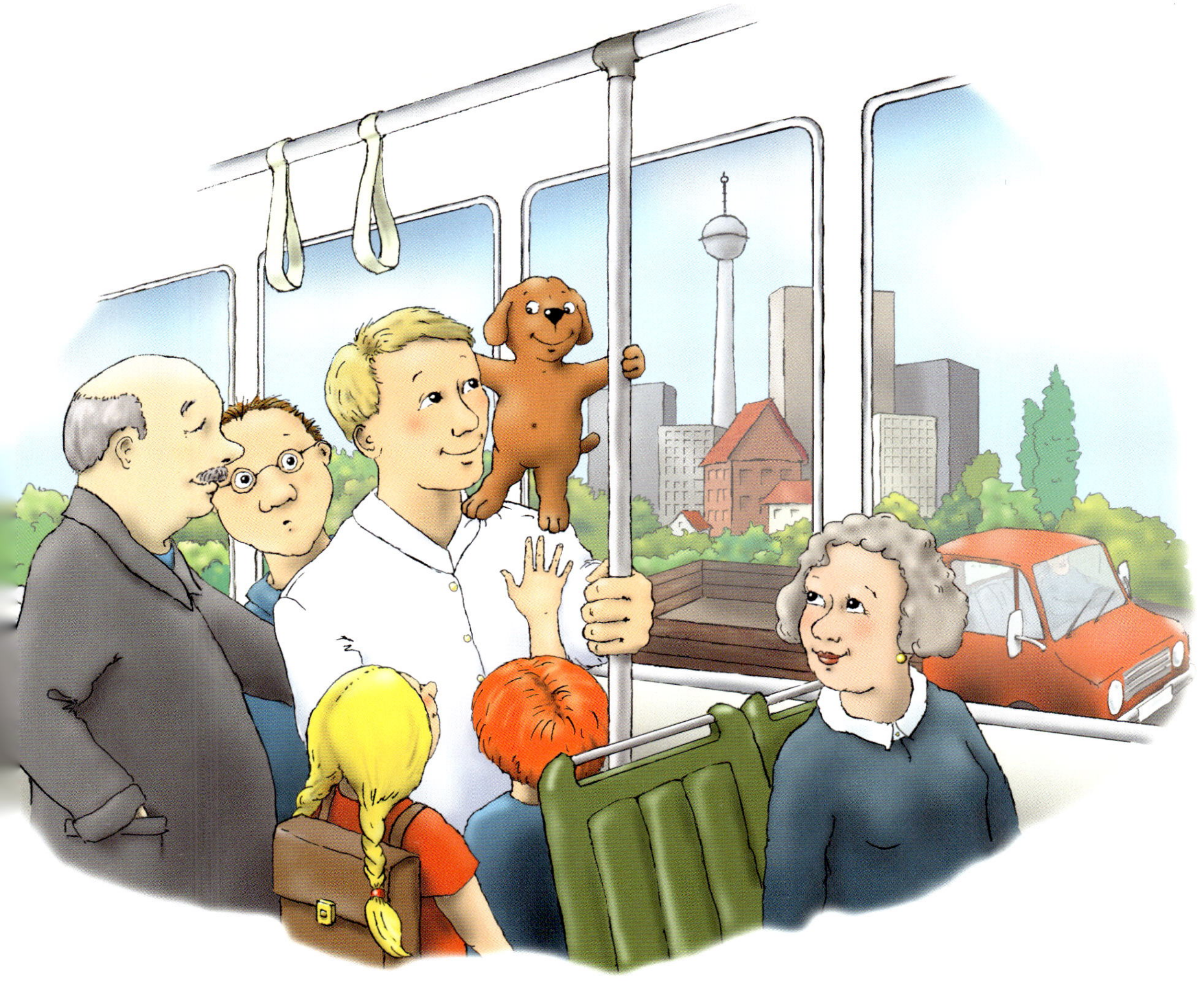

Welpen wollen unter Hunde!

Wir sagten schon, daß Wölfe und auch Hunde untereinander ein ausgeklügeltes System von Imponier- und Drohgebärden und Beschwichtigungsgesten benutzen, um sich auch in kritischen Situationen ohne Blutvergießen einigen zu können. Wir könnten es vielleicht so ausdrücken: Es geht dort nicht so zu wie beim Boxen, wo für den Sieg einer der Kontrahenten K.O. gehen muß, sondern eher so wie beim Schach, wo Zug um Zug abgewartet, kalkuliert, angetäuscht und ausgetrickst wird mit dem Ergebnis, daß sich nach dem Match beide Teile bei bester Gesundheit trennen und ihrer Wege gehen. Nur, das Ganze passiert sehr viel schneller und mitunter so laut und spektakulär, daß der ungeübte Beobachter häufig um das nackte Leben von mindestens einem der Teilnehmer fürchtet. Womöglich ist der eigene kleine Liebling involviert! Schrecklich!... Dabei wird sich am Ende der Unterlegene auf den Rücken schmeißen, der Sieger wird sich, immer noch grauslich knurrend, über ihm aufbauen und... Nichts und. Das war´s.

Manchmal geht es auch zu wie beim Skat. Das heißt, es kann sein, daß sich unter mehreren Tieren Teams und Cliquen bilden. Entsprechend wird es dem armen, geplagten Hundebesitzer schier das Herz brechen, sich mit anzugucken, wie sein Liebling gleich von zwei oder mehr Gegnern in die Zange genommen wird. Nun, das Endergebnis ist das gleiche: Der kleine Liebling wird, wenn er gegen die Übermacht nicht ankommt, dies einsehen, sich ergeben und wieder einmal: Das war´s.

Es ist also völlig überflüssig, daß uns Menschen bei solch einem Spektakel, wie das vielfach der Fall ist, das Herz geradezu in die Hose rutscht. Für unsere Hunde sind diese Situationen mit all dem Knurren, Quietschen, Kläffen, Zerren, Rempeln und Jagen vollkommen normal und kaum bedrohlicher, als für unsereins Smalltalk auf einer Party:
„Sag mal, fährst du noch den Siebener?"
„Also, die Seychellen kann ich euch **wirklich** empfehlen…"
„Tschuldigung, mein Handy. Daß man auch nirgendwo mehr seine Ruhe haben kann…"
„Hast du schon gesehen, was die für ein unmögliches Kleid anhat? Also bei der Figur…"
Tja, so ungefähr läuft es bei den Hunden auch: Jeder versucht, jeden zu übertrumpfen, aber man denkt sich nicht allzuviel dabei.

Unser Welpe genießt zunächst einmal ohnehin noch Welpenschutz, das heißt, erwachsene gesunde Hunde werden ihm nichts antun. Selbst, wenn er bei solchen Begegnungen mitunter winselt, schreit und überhaupt den Eindruck macht, als würde er vor Angst schier vergehen: Auch dies ist normal und gehört einfach zum Ritual. Es besteht also überhaupt kein Grund für uns Menschen, uns einzumischen. Am Ende wird er sich auf den Rücken legen und pinkeln und somit dafür sorgen, daß ihm nichts geschieht.

Vorausgesetzt, daß... Und jetzt kommt´s. Denn einige wenige Voraussetzungen müssen schon erfüllt sein, damit auch wirklich nichts passiert. Und zwar folgende:

Erstens müssen die Tiere frei agieren können. Das heißt, daß keines angeleint sein darf, einfach, damit die rein körperlichen Voraussetzungen für eine ungehinderte Kommunikation gegeben sind. Und auch, damit die Kräfteverhältnisse nicht verschoben werden. Angeleinte Hunde fühlen sich mit ihrem Besitzer im Rücken häufig stärker, als sie in Wirklichkeit sind, und reagieren daher unter Umständen vermessen. Menschen sollten sich aus solchen Begegnungen am besten ganz und gar heraushalten.

Zweitens müssen die Tiere sozial kompetent, also im Umgang mit Artgenossen trainiert sein. Sie müssen in der Lage sein, ihre Kräfte und Möglichkeiten realistisch einzuschätzen. Das ist z.B. bei vielen Hunden kleiner Rassen dann nicht der Fall, wenn sie angesichts eines größeren Artgenossen ständig auf den Arm genommen werden. Aus dieser Perspektive erscheinen einem als Westie-Rüde alle Schäferhunde viel kleiner, als sie in Wirklichkeit sind und man kommt sich wohl unglaublich groß, stark und überlegen vor. Das reinste „Napoleon-Syndrom"... Kein Wunder, daß es dann manches Mal ein Unglück gibt, wenn solch ein Möchtegern-Held einem großen Hund doch einmal auf ebener Erde begegnet und nie gelernt hat, daß es ausgesprochen klug sein kann, manchmal gaaanz-gaaanz kleine Brötchen zu backen...

Andererseits müssen die Hunde in der Lage sein, sich gegenseitig als solche überhaupt zu erkennen. Das ist für die Tiere gar nicht immer so einfach. Wie soll bitte ein Husky die Handvoll Yorkshireterrier, die ihn entfernt an Frauchens

Mop erinnert, auf Anhieb als Mit-Hund erkennen, wenn er in seiner Jugend nicht gelernt hat, daß die Hundewelt rein optisch, sagen wir mal, sehr vielfältig ist. Daß also das längliche hasenbraune Etwas kein Kaninchen, also nicht lecker ist, sondern ein respektabler Rauhhaardackel... Daß der Chi-hua-hua derselben Gattung angehört wie der Bernhardiner... Daß der Mexikanische Nackthund bloß ein bißchen weniger Fell hat als ein Bobtail, sonst sind die Unterschiede nicht der Rede wert... Daß der Shar Pei auch ein x-beliebiger Hund ist, bloß daß er in der Haut von dreien steckt... Und daß man die „Bürste" des Ridgebacks nicht immer wörtlich nehmen muß...

Suchen Sie für Ihren Welpen nach Möglichkeit eine Welpenspielgruppe und lassen Sie ihn mit den Kameraden nach Herzenslust toben. Lassen Sie ihn auch gut sozialisierten erwachsenen Hunden frei begegnen. Alle grundlegenden Verhaltensmechanismen, die er braucht, um sein eigenes kleines bißchen Leben zu schützen, sind ihm angeboren. Die Feinheiten des guten Tons muß er aber noch üben. Und je früher, um so leichter. Je mehr, um so besser für ihn.

Dabei stellt sich in der Praxis folgende Frage: Wann kann man einen Welpen mit auf den Hundeplatz nehmen, denn schließlich ist er, wenn Sie ihn bekommen, noch nicht voll durchgeimpft? Das ist in der Tat eine Zwickmühle. Die letzte Impfung bekommt der Welpe frühestens in der zwölften oder dreizehnten Lebenswoche. Sein Immunsystem braucht dann noch etwa vier Wochen, um den vollen Impfschutz auszubilden. Soll man so lange warten? Immerhin wäre der Hund dann schon vier, fast fünf Monate alt. Nun, in diesem Punkt haben Sie die Wahl zwischen Teufel und Beelzebub. Gehen Sie mit ihm früher unter Hunde, könnte er sich unter Umständen anstecken. Warten Sie aber bis zum fünften Monat, haben Sie eine wichtige Zeit der Sozialisation verschenkt. Ich schätze die Sozialisation eines Welpen als sehr wichtig ein und würde dazu neigen, ihn im Bewußtsein eines gewissen Risikos trotzdem mit auf den Welpenspielplatz zu nehmen. Vorausgesetzt, daß alle anderen Tiere entsprechend gepflegt, regelmäßig entwurmt und geimpft und auch sonst gesund sind.

Versuchen Sie, Freundschaften und Bekanntschaften Ihres Hundes aus dem Welpenspielkreis auch späterhin zu erhalten und zu pflegen. Auf diese Weise können Sie z.B. eine Unterbringung während eines Urlaubs bei einem seiner Kumpels im Rahmen einer Dog-Sitting-Gemeinschaft auf privater gegenseitiger Basis organisieren. Sie könnten ihn dann mit dem guten Gefühl zurücklassen, daß er in der Zeit Ihrer Abwesenheit nicht in der Fremde ist und sogar noch Spaß hat. Außerdem hätte Ihr Hund vermutlich auch seine Freude an gelegentlichem Übernachtungsbesuch.

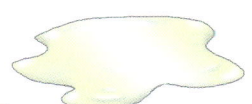

Wie wird der Welpe stubenrein?

Junge Hunde müssen. Junge Hunde müssen sogar ständig! Nach jeder Mahlzeit, nach jedem Nickerchen, wenn sie aufgeregt sind, wenn sie sich freuen, wenn jemand nach Hause kommt... Macht unterm Strich etwa 97mal pro Tag, grob gerechnet.

Suchen Sie bitte nicht nach Übergangslösungen, wie z.B. den Hund „vorerst" in bestimmte Ecken der Wohnung machen zu lassen, die Sie mit Zeitungen ausgelegt haben. Er wird diese Ecken auch dann aufsuchen, wenn Sie sich längst überlegt haben, daß er doch lieber nur draußen machen sollte.

Am besten ist, es kommt gar nicht erst zu einem Malheur, das heißt, Sie schaffen ihn einfach (?!) 97mal pro Tag raus auf ein Stückchen Rasen. Wenn sich schon etwas anbahnt, versuchen Sie nicht erst, das Haus mit dem angeleinten Hund gesittet zu verlassen. Klemmen Sie sich den Hund unter den Arm und rennen Sie! Setzen Sie ihn auf dem Rasen ab und harren Sie der Dinge, die da kommen. Und vergessen Sie nicht, diese Dinge (die da kommen) auch gebührend zu würdigen. Vollführen Sie Freudensprünge, geben Sie kleine entzückte Schreie von sich, loben Sie ihn und geben Sie ihm ein Leckerchen. Tun Sie einfach alles, damit ihm ein kleines Licht aufgeht: Er hat Ihnen eine Riesenfreude gemacht, er war ein gaaaanz-toller-braver Superhund!

Passiert hingegen „etwas" in der Wohnung, beseitigen Sie die Spuren unauffällig und kommentarlos. Und nehmen Sie sich vor, sich zu bessern. Ja, richtig gelesen! Daß Sie demnächst besser aufpassen, damit es nicht wieder zu einem Unglück kommen kann.

Nasereinstubsen gilt nicht! Wenn Sie Ihren Hund im nachhinein für das Malheur bestrafen, lernt er daraus höchstens, daß es Sie ab und zu überkommt, ihn zu bestrafen. Er wird das mit dem, was er vorher getan hat, nicht in Verbindung bringen können.

Viele Hundehalter sind überzeugt davon, daß ihr Tier ganz deutlich ein schlechtes Gewissen zeigt, wenn ihm ein Malheur passiert ist. Es gucke dann ganz „schuldbewußt", als wisse es ganz genau was es getan habe. Also sei eine nachträgliche Bestrafung nicht unangebracht, sondern gerade richtig.

Aber die Sache ist aus der Sicht des Tieres ein bißchen anders: Der Hund hat offensichtlich gelernt, daß es, wenn er auf den Teppich gepinkelt hat und der Besitzer nach Hause kommt, Ärger gibt. Er folgert daraus, daß es, wenn er auf den Teppich gepinkelt hat, nicht gut ist, wenn das Herrchen nach Hause kommt, weil es dann Ärger gibt. Und leider nicht, daß er nicht auf den Teppich pinkeln sollte.

Den zweiten, entscheidenden Schritt in dieser logischen Kette vermögen Hunde nicht nachzuvollziehen. Was hier einem "schlechten Gewissen" also täuschend ähnlich sieht, ist einfach die Angst vor dem Auftauchen der Bezugsperson und das Wissen darum, daß es gleich Druck geben wird. Diese Angst ist aus hundepädagogischer Sicht zu rein gar nichts nütze, weil sie das Tier nicht davon abhalten wird, Pfützen zu hinterlassen, sondern höchstens davon, uns anschließend vor die Augen zu kommen.

Denn Hunde haben kein Gewissen. Weder ein gutes, noch ein schlechtes. Sondern überhaupt keines.

Etwas anderes ist es natürlich, wenn Sie Ihr Hundetier auf frischer Tat ertappen. Dann rufen Sie laut „Nein!", schnappen Sie den verdutzten Welpen und rennen Sie. Um ihn draußen, wenn er dort wenigstens einen kleinen Rest erledigt hat, gleich wieder ausgiebig zu loben. Auch, wenn Sie innerlich kochen!...

Strafmaßnahmen sind gerade im Bereich der Sauberkeitserziehung nicht sehr förderlich, und wir sollten uns eher darauf verlegen, den Hund in eine Situation zu bringen, daß er sein Geschäft nur draußen machen kann. Und ihn für jeden Erfolg kräftig loben.

Manchmal hat man beim Gassigehen das deutliche Gefühl, vom Welpen auf den Arm genommen zu werden. Man weiß, daß er eigentlich müßte. Auch er weiß, daß er eigentlich müßte. Aber er kommt nicht dazu. Schließlich ist die Welt soooo aufregend, es gibt draußen so viel zu gucken und zu entdecken, da ist einem die Zeit für solche Nebensächlichkeiten zu schade. Wenn Sie das Gassigehen aus Zeitgründen nicht beliebig verlängern können, bringen Sie den Welpen zu Hause in seine Box. Sie wissen schon, Hunde machen nicht gerne unter sich. Dann warten Sie so lange, bis Sie merken, daß „der Druck" groß genug ist, befördern Sie ihn im Schweinsgalopp nach draußen und loben Sie ihn kräftig für das, was er dann vollbringt.

Da Sie ja Kapitel 16 aufmerksam gelesen haben (!?...), wissen Sie bereits, daß viele Welpen gerade dann Urin absetzen, wenn eine Bezugsperson zur Tür hereinkommt. Sie wissen auch, daß das eine Beschwichtigungsgeste ist und daß man Hunde dafür niemals bestrafen darf, denn sie verlassen sich darauf, Ihnen damit gewissermaßen eine Freude zu machen, ebenso, wie das bei erwachsenen Hunden oder Wölfen der Fall wäre. Wenn Sie ein pinkelndes Hundekind auf der Auslegeware nicht ganz so erfreulich finden, so liegt das einzig und allein daran, daß sie ja kein Hund sind. Und dafür kann Ihr Welpe schließlich nichts. Er wird in dieser Situation und in sehr vielen anderen Situationen Ihres gemeinsamen Lebens von Ihnen erwarten, daß Sie handeln wie ein Überhund. Da hilft nur eines: Wenn Sie wissen, daß Ihr Welpe so reagiert, dann seien Sie, wenn Sie zur Tür hereinkommen, vorbereitet. Schnappen Sie ihn und absolvieren Sie das Begrüßungszeremoniell möglichst draußen.

Bei den allermeisten Hunden hört dieses welpenhafte Verhalten ohnehin nach wenigen Wochen oder Monaten von ganz alleine auf. Und zwar in dem Maße, wie sie sicherer, selbstbewußter werden.

Versuchen Sie deshalb, das Selbstbewußtsein Ihres Hundes zu stärken. Nicht, indem Sie ihn über Tisch und Bänke gehen lassen, sondern indem Sie ihm einen Rahmen abstecken und ihn innerhalb dieses Rahmens sehr viel loben und belohnen. Und viel mit ihm spielen.

Belohnung und Strafe und was davon beim Hund ankommt

Um mit unserem Hund auf Dauer optimal zurechtzukommen, müssen wir eine ganz entscheidende Sache begreifen. Es ist für das Verständnis zwischen Mensch und Hund vielleicht das Wichtigste überhaupt. Nämlich, daß das Tier die Belohnung und die Strafe, oder das, was bei ihm als solches ankommt, immer auf den momentanen Ist-Zustand bezieht.

Ein Beispiel? OK. Nehmen wir den Besuch beim Tierarzt. Sagen wir mal, es geht um einen Untersuchungs- und Impftermin. Nun, bei einigen Hunden soll es ja vorkommen, daß sie, wenn sie die Spielregeln noch nicht kennen, auf dem Behandlungstisch Angst oder zumindest „Null Bock" haben und uns Veterinären jegliche Daseinsberechtigung sowieso absprechen. Und richtig, auch Ihr Welpe fängt spätestens bei der Gebißkontrolle an, sich aus Leibeskräften zu wehren, denn er soll einen Augenblick stillhalten. So eine Zumutung aber auch!... Also, er zappelt. Er windet sich. Vielleicht quiekt er sogar. Und Sie, der Sie ja kein Unmensch sind, leiden förmlich mit. Schließlich ist er ja „noch so klein, er weiß auch nicht, wozu das alles gut sein soll, er hat halt Angst..." Also was tun Sie? Sie versuchen, ihn zu beruhigen. Sie reden ihm gut zu. Etwa folgendermaßen:

„Ist ja guuuut, Mäxchen... Frauchen ist ja da... Du brauchst keine Angst zu haben, die Tante tut dir nichts. Frauchen paßt auf dich auf... Ist ja schon guuuut..."

Glauben Sie, daß er auch nur ein Wort, außer seinem Namen, von alledem verstanden hat? Natürlich nicht. Aber den Tonfall. Und was macht der Tonfall? Richtig, vielmehr falsch! Er lobt und belohnt den Hund. In etwa, wie wenn Sie ihm folgendes sagten: „Fein macht Mäxchen das... Immer schön zappeln, kleiner Liebling...Frauchen kann dich gut verstehen, Kleiner. Immer zappeln beim Tierarzt, schön machst du das..."

Haben Sie gemerkt? Unser Mäxchen orientiert sich brav daran, was bei ihm angekommen ist, nämlich an dem Tonfall. Und was macht er daraufhin? Genau das, was von ihm offensichtlich erwartet wird: Er zappelt kräftig weiter.

Ihr „gutes Zureden" ist als Lob, als Belohnung angekommen und bestärkt den momentanen Ist-Zustand des Tieres, nämlich die Angst. Schlecht für den Hund.

Was tun statt dessen? Nun, bringen Sie Ihren Hund dazu, einen kurzen Augenblick lang ruhig zu sein. Zum Beispiel, indem Sie ihm beherzt den Vorschlag machen, sich doch hinzusetzen. Sitz!!! mit drei Ausrufezeichen. Wenn er dieses Wort noch nicht kennt, helfen Sie ihm einfach: Popo runter, Kinn hoch, still und artig sein! Pssst!... So, jetzt, in diesem historischen Augenblick, in dem Ihr völlig verdutzter Welpe für einen Augenblick vergißt Angst zu haben, Sie verdattert anguckt und sich für den Bruchteil einer Sekunde ruhig verhält, jetzt (jetzt!) ist er ein guuuuter Hund! Zappelt er gleich wieder? Macht nichts. Noch mal „Sitz!!!". So, jetzt (jetzt!) ist er ein guuuter Hund. Loben, säuseln, kraulen und überhaupt!...

Die Methode ist todsicher. Welpen kapieren innerhalb kürzester Zeit und sogar ältere und schwierige Hunde relativ schnell, wie man sie beim Tierarzt haben will und wie nicht. Ihr geplagter Veterinär wird Ihnen unendlich dankbar sein. Aber was noch viel wichtiger ist: Sie haben vor allem Ihrem Welpen geholfen, denn Sie haben ihn nicht in seiner Angst verharren lassen, ihn darin womöglich noch bestärkt, sondern ihm ein alternatives Verhalten aufgezeigt und ihn dafür gelobt und belohnt.

Um noch ein bißchen bei diesem Beispiel zu bleiben: Offensichtlich ist bei Hunden die Angst auf dem tierärztlichen Behandlungstisch nicht davon abhängig, ob es eine Spritze gibt oder nicht, ob eine Untersuchung oder eine Behandlung unangenehm oder gar schmerzhaft ist. Es gibt viele Tiere, die bei einer völlig schmerzfreien Gebißkontrolle, ja, beim bloßen Anfassen oder sogar beim Betreten der Praxis panisch reagieren.

Und leider gibt es immer noch viele Hundehalter, die darauf geradezu stolz sind und mit leuchtenden Augen berichten, ihr Tier erkenne bereits die grobe Richtung der Tierarztpraxis und reagiere mit völliger Panik. Nach dem Motto „Ist er nicht gescheit, Frau Doktor?...". Daß ein Tierbesitzer mit solch einer kontraproduktiven, ja, geradezu hundeschädlichen Einstellung das ängstliche Verhalten des Hundes zumindest unbewußt belohnt und fördert, liegt auf der Hand. Daß dadurch die Angst des Tieres nicht kleiner wird, ebenfalls.

Viele andere Hunde hingegen lassen auch relativ unangenehme Dinge angstfrei und gelassen mit sich geschehen. Warum? Weil sie Vertrauen haben. Ein tiefes Vertrauen in ihren Besitzer, der die Kraft hat, ihnen aufzuzeigen, wie sie sich in kritischen Situationen benehmen sollen. Der ihnen das Gefühl gibt, daß er weiß, was er tut. Was demnach nichts Schlimmes und Schlechtes sein kann...

Ich hoffe, Ihnen an diesem Beispiel etwas klargemacht zu haben, nämlich daß wir im Zusammenleben mit unserem Vierbeiner immer wieder folgendes überlegen müssen:

Frage 1:
Was tut unser Hund gerade? Was geht in ihm vor? Was ist sein momentaner Ist-Zustand?

Antwort in unserem Beispiel:
Er hat Angst.

Frage 2:
Wollen wir, daß er in den nächsten 12-15 Jahren in solchen Situationen so reagiert?

Antwort in unserem Beispiel:
Nein!

Schlußfolgerung, falls die Antwort auf Frage 2 „Nein" lautete: Dann sollten wir uns davor hüten, diese Verhaltensweise zu verstärken, indem wir den Hund dafür quasi-loben. Wir sollten ihm ein alternatives Verhalten aufzeigen und ihn dafür belohnen.

Um erkennen zu können, ob das, was wir tun, beim Tier als Verstärkung (Belohnung) oder als Abschwächung/Löschung (Nichtbelohnung) seines Verhaltens ankommt, müssen wir versuchen, die ganze Situation und auch uns selbst aus der Sicht des Tieres wahrzunehmen. Das klingt komplizierter, als es ist. Im Gegenteil: Die einzige Schwierigkeit für uns Menschen besteht gerade darin, in einfachen Strukturen zu denken.

Beispiel: Sie wollen telefonieren und Ihr Hund im besten Pubertätsalter will unbedingt Beachtung. Er macht deshalb allerlei Unsinn. Jetzt nimmt er sich schon die Telefonschnur vor und zieht und zerrt. Er ist partout der Meinung, daß Sie schon genug gequasselt haben. Wenn Sie nun schimpfen „Mensch, Max, laß jetzt den Quatsch, du nervst...", dann hat sein Trick funktioniert: Sie haben ihn beachtet und, wenn auch nörgelig, angesprochen. Also letztlich belohnt. Es wäre demnach besser, wenn Sie entweder so „Aus!" sagten, daß es bei ihm auch wie ein „Aus!" ankommt, oder sein Verhalten wenigstens nicht beachteten, um ihn zumindest nicht auch noch zu belohnen.

Ein umgekehrtes Beispiel: „Setz dich hin, Hasso! Nun setz dich endlich! Wie oft muß ich dir noch sagen, daß du dich hinsetzen sollst?" schreit Herrchen vor sich hin. Und siehe da, Hasso setzt sich nach einiger Zeit tatsächlich. Vielleicht aus Versehen oder aus purer Ratlosigkeit ob so viel menschlicher Dummheit... Und jetzt, wenn es geht, noch lauter und mit einem ordentlichen Ruck am Stachelhalsband: „Na also, hab ich gesagt!..." Sehen Sie, das war ein klarer Fall einer unangebrachten Bestrafung. Unbeabsichtigt, unüberlegt und vollkommen überflüssig.

Denn wenn Hasso sich, trotz dieser Zumutung an Kommandos (das Zauberwort heißt nämlich schlicht „Sitz!". Und zwar leise. Psst, ganz leise!...) doch einmal hinsetzt, dann hat er alles andere verdient als weiteres Gebrüll und einen Ruck am Halsband. Oder?

Dann gab es noch das Frauchen, das einmal ganz furchtbar böse wurde. Weil, wir nehmen jetzt einmal an, es sei passiert, was eigentlich nicht passieren darf: Der Hund hat sie angeknurrt und ihr die Zähne gezeigt, als sie ihn vom Sofa befördern wollte. Sie ging also los, um eine Zeitung zu holen, weil man Hunde bekanntlich „nie mit der Hand bestrafen darf". Wieder zurück beim Missetäter gab es nun, mit der Zeitung versteht sich, einen Klaps. Was der Hund von alledem verstanden hat, ist etwa folgendes: „Komische Leute hier... Anknurren darf man sie, da machen sie nichts, aber wenn sie mit einer Zeitung ankommen, gibt es immer gleich

Druck..." Ganz klare Sache: Die Strafe kam einfach zu spät (und in diesem Fall auch zu lasch) und war bestenfalls dazu geeignet, dem Tier eine diffuse Abneigung gegen Druckereierzeugnisse anzudressieren. Nicht aber, um ihm klarzumachen, daß man dem Vorstand unter keinen Umständen drohen darf. Es wäre also besser gewesen, Frauchen wäre ihrem ersten Impuls gefolgt und hätte dem Hund eine von Herzen kommende Ohrfeige verpaßt. Und zwar postwendend. Dann hätte das Tier die Strafe wenigstens mit dem, was es gerade getan hatte, in Verbindung gebracht und sich die Lektion gemerkt. Es hätte nicht etwa eine Scheu vor Frauchens Hand entwickelt, sondern sich in Zukunft solche Ungehörigkeiten vermutlich verkniffen. Noch besser wäre es natürlich gewesen, wenn das Tier von vornherein eine sorgfältige Rangzuweisung erfahren hätte, dann wäre es zu einer solchen Szene gar nicht erst gekommen.

Um es also noch einmal auf den Punkt zu bringen: Die Volksweisheit, daß man „Hunde nie mit der Hand bestrafen" dürfe, ist Unsinn. Tatsache ist, daß man Hunde nach Möglichkeit überhaupt nicht bestrafen, sondern sie vielmehr durch die bewußte Belohnung erwünschter Verhaltensweisen erziehen sollte. Ist eine Bestrafung jedoch unumgänglich, sollte sie möglichst anonym erfolgen (siehe folgendes Kapitel). Wenn eine persönliche Bestrafung des Tieres angebracht ist, wie das z.B. bei Rangordnungsauseinandersetzungen (wie in unserem letzten Beispiel) der Fall ist, dann kommt es einzig und allein auf die Schnelligkeit Ihrer Reaktion an. Eine exakt im Augenblick der Missetat verabreichte, von Herzen kommende Ohrfeige wird das Tier mit dem, was es gerade getan hat, in Verbindung bringen. Einen Klaps mit der berühmten Zeitungsrolle, die Sie erst ergreifen oder womöglich erst noch suchen müssen, nicht. Eine zeitlich verzögerte Bestrafung wird das Tier nur verwirren und sein Vertrauen Ihnen gegenüber zerstören.

Solche Fehler werden Sie selbstverständlich nicht machen. Im Gegenteil! Ich bin sicher, Sie werden das Prinzip der gezielten Belohnung erwünschter und der Nichtbelohnung unerwünschter Verhaltensweisen verinnerlichen und in der Lage sein, den momentanen Ist-Zustand Ihres Tieres zu erfassen und zu deuten. Und deshalb werden Sie mit Ihrem Hund immer und überall zurechtkommen. Denn das ist der entscheidende Schlüssel zur Hundeerziehung, das ist das ganze Geheimnis.

Das Prinzip der anonymen Bestrafung

Wir stellen uns einmal folgende Situation vor: Sie steigen aus dem Auto und Ihr Hund, der über Ihre Heimkehr vor Freude schier aus dem Häuschen ist, läuft nicht etwa den längeren Weg zum Gartentor, um Sie dort zu begrüßen, sondern nimmt selbstverständlich die kürzeste Strecke. Diese führt leider exakt durch ein frisch angelegtes Blumenbeet. Was tun?

Sie können ihn in dieser Situation schwerlich ausschimpfen oder bestrafen, denn das würde nur dazu führen, daß er sich demnächst duckt, wenn Sie nach Hause kommen. Andererseits kann es auch nicht richtig sein, daß er alle Ihre liebevoll gepflegten und gehegten Jungpflanzen zertrampelt.

Also, Sie garnieren das Beet mit einem Dutzend gespannten und umgedrehten (!) Mausefallen. Diese werden Ihrem Tier, wenn es dort nächstens durchläuft, um die Ohren fliegen. Sie tun nicht weh, aber sie sind Ihrem nichtsahnenden Hund ausgesprochen unheimlich. Und, was das Wichtigste ist, sie haben mit Ihrer Person „nichts zu tun". Im Gegenteil! Bei Ihnen, der Sie ihn ja am Gartentörchen gebührend in Empfang nehmen, ist Ihr Hund vor den Dingern in Sicherheit. So haben Sie erreicht, was Sie wollten: Er wird das verminte Beet meiden, den etwas längeren Weg bevorzugen und Sie in Zukunft freudestrahlend am Gartentor begrüßen.

Die anonyme Bestrafung ist nicht immer durchführbar. Aber wir sollten sie möglichst anstreben. Wir sollten uns bemühen, die Dinge so einzurichten, daß sich unser Vierbeiner praktisch selbst bestraft, wenn er etwas Unerlaubtes, Unerwünschtes oder Gefährliches tut. Uns selbst behalten wir dabei die Rolle vor, die rettende Insel zu sein, ein Fixpunkt der Sicherheit, Behaglichkeit und des Wohlbefindens.

Um Ihren Hund von irgendwelchen unerwünschten Aktivitäten abzubringen, ohne die Sache mit ihm „ausdiskutieren" zu müssen, eignen sich ferner Wasserpistolen, ein kalter Guß aus dem Gartenschlauch, ein fliegender Schlüsselbund und ähnliches. Wichtig ist jeweils, daß das Tier nach Möglichkeit nicht erkennt, daß man selbst derjenige war, der diese Dinge ausgelöst hat. Wir behalten, wie gesagt, unsere Weste weiß und rein...

Etwas völlig anderes ist es, wenn es unser Hund auf ein Kräftemessen mit uns persönlich anlegt (siehe auch voriges Kapitel). Wenn es einmal trotz sorgfältiger Erziehung und Rangzuweisung vorkommen sollte (was ja eigentlich nicht vorkommen darf, aber, wie gesagt: wenn...), daß er uns gegenüber Imponier- oder gar Drohverhalten zeigt, wenn er uns zum Beispiel anknurrt oder uns die Zähne zeigt, dann müssen wir ihm auch ganz persönlich antworten. Und das sofort und nachdrücklich! Denn er hat ja auch unsere Person gemeint und es auf eine Konfrontation angelegt. In diesem Falle ist z.B. eine herzhafte Backpfeife, höchstpersönlich verabreicht, sicherlich sehr wirkungsvoll und auch angebracht.

Wozu Unterordnungsübungen?

Nun, es gibt nur einige wenige solcher Übungen, die ein Familienhund im täglichen Leben beherrschen muß.

„Komm!", „Lauf!", „Sitz!", „Platz!", „Bei Fuß!" und „Warte!" reichen schon fast aus. Aber diese wenigen Dinge sollte Ihr Hund prompt, zuverlässig und vor allem gerne tun.

Zum einen ist es so, daß ein Hund, wenn er solche Befehle befolgt, sich damit seinen Menschen in dem Augenblick unterordnet. Daher die Bezeichnung „Unterordnungsübungen". Wenn wir dafür sorgen, daß sich die Unterordnung für ihn lohnt und ihm Spaß macht, dann haben wir dadurch eine elegante Möglichkeit, auch einen dominant veranlagten Hund täglich „im guten" daran zu erinnern, daß wir ja das Sagen haben. Die Alternative dazu wäre, daß wir die Dinge laufen lassen, bis er seinerseits versucht uns unterzubuttern, und wir ihn dann „windelweich prügeln", damit er wisse, wer der Herr im Hause ist... Das soll angeblich funktionieren. Ich rate von dieser Art Erziehung oder eher Nicht-Erziehung dennoch dringend ab!

Gerade auch Ihre Kinder sind später darauf angewiesen, Rangordnungsfragen mit dem Tier nicht physisch, sondern gewissermaßen durch die Blume auszutragen, denn sie sind einem Hund an Körperkraft in aller Regel unterlegen. Man soll sich da nicht verschätzen, auch vergleichsweise kleine Hunde sind, wenn es darauf ankommt, zumindest besser „bewaffnet" als man selbst oder gar ein Kind.

Es ist daher nicht verwunderlich, daß manch ein Besitzer angesichts der gefletschten Zähne seines Vierbeiners klein beigibt. Die Angst vor dem eigenen Hund ist gesellschaftlich stigmatisiert und wird deshalb kaum jemals öffentlich zugegeben. Sie ist jedoch ein viel weiter verbreitetes Phänomen, als man annimmt. Und sie ist häufig durchaus begründet. Wenn sich die Tiere in der familiären Hierarchie bereits sehr weit hochgearbeitet haben, wenn ihnen allerlei Statussymbole des Rudelführers zuerkannt worden sind (z.B. vor den Mahlzeiten der Familie fressen, Befehle verweigern, den Kauknochen verteidigen, den Fernsehsessel oder das Sofa okkupieren, etc., etc.), dann ist es aus ihrer Sicht nur konsequent, wenn sie sich irgendwann aufführen wie der Boss. Mit allen Konsequenzen. Und diese können, gerade wenn es sich um ein größeres Exemplar eines Hundes handelt, durchaus beeindruckend sein. Einfacher ausgedrückt, wenn sich Ihr Dobermann, Schäferhund, Mastino oder auch nur Deutscher Jagdterrier einbildet, der Chef zu sein, dann ist mit ihm nicht gut Kirschen essen.

Aber kaum einer wird vom einfachen Angestellten gleich zum Konzernchef benannt, und so ist es auch bei Hunden. Attacken gegen Familienangehörige haben in fast 100% aller Fälle eine Vorgeschichte. Die Tiere haben sich nach und nach hochgearbeitet. Sie beißen, wenn sie nicht gerade hirnfunktionelle Krankheiten haben, was selten vorkommt, nie aus heiterem Himmel. Und das ist gut so. Denn dadurch haben wir Menschen die Gelegenheit,

Provokationen so frühzeitig zu erkennen und zu beantworten, daß es gar nicht erst zu unerfreulichen Auseinandersetzungen kommt, die wir ja in der Regel doch nur verlieren würden.

Ich sagte schon: daß sich ein normaler Mensch gegen einen „durchgeknallten", angreifenden, größeren Hund durchsetzen könne, zumal wenn ihn der Angriff überrascht, halte ich für sehr unwahrscheinlich. Ich möchte den Job jedenfalls nicht machen müssen und habe daher für jeden Verständnis, der in einer solchen Situation Angst hat. Auch dann, wenn es dabei um den eigenen Hund geht. Nun ist Gott sei Dank nicht jeder schlecht erzogene Hund gleich gefährlich. Tante Elses kleiner, frecher, bissiger Rehpinscher ist beispielsweise einfach nur nervtötend. Und dennoch ist es in allen solchen Fällen mindestens überflüssig, daß es so weit kommt. Denn das angeborene Verhaltensprogramm von Hunden bietet uns eine Vielzahl von Möglichkeiten, die Rangzuweisung selbst großer, dominant veranlagter Tiere vollkommen undramatisch und gewaltfrei vorzunehmen. Wir müssen es einfach nur tun! Und damit wären wir wieder bei unserem Thema der Unterordnung.

Aber die Unterordnung an sich hat auch noch andere, ganz naheliegende Vorzüge. Daß nämlich mit einem gut erzogenen Hund das Leben angenehmer, bequemer und schöner ist.

Zum Beispiel: Ihre Tante kommt zu Besuch. Die reizende alte Dame macht in den letzten Jahren einen ziemlich gebrechlichen Eindruck, sie ist „bei zarter Gesundheit", wie sie so schön zu sagen pflegt. Ihr überaus gut sozialisierter Welpe, der sich auf Neuigkeiten stets freut, rast ihr entgegen und möchte sie am liebsten, wie das so seine Art ist, von oben bis unten abschlabbern. Sie sind einem Herzinfarkt nahe, denn vor Ihren geistigen Augen wird das Tantchen gleich stürzen, sich den Oberschenkelhals brechen, viele Wochen im Krankenhaus verbringen, wo sie zum Schluß einer Lungenentzündung erliegt... Um Gottes Willen!... Gerade rechtzeitig sagen Sie das Zauberwort: „Max, Sitz!" Es fällt Ihnen ein tonnenschwerer Stein vom Herzen, als Max sich daraufhin artig hinsetzt und auf seine Streicheleinheiten wartet. Die Tante ist gerettet, und begeistert von Ihrem Hund ist sie auch. „Entzückend, wirklich allerliebst!..." Manchmal ist es enorm praktisch, wenn so ein Tier gut erzogen ist, nicht wahr?

Oder Sie sitzen in einem Café, Max ist mit dabei und liegt friedlich unter dem Tisch. Sie möchten kurz aufstehen, um sich die Nase zu pudern, Zigaretten zu holen, zu telefonieren oder was auch immer. Was nun?... Zum Glück ist Max gut erzogen. Deshalb reicht ein leises „Max, warte!", damit Sie in Ruhe gehen können und wissen, daß er nicht mit dem ganzen Bistrotisch im Schlepptau hinter Ihnen herrennen wird. Ist das nicht wunderbar?

Von dem Huhn in Currysauce einmal ganz zu schweigen, das Ihnen neulich mitsamt Schüssel auf den Küchenfußboden gefallen ist. War das ein Tag!... Alles voller Currysauce, Scherben, Hühnerteile, und mittendrin der Max, der Ihnen nur zu gerne beim Aufräumen geholfen hätte... Müssen andere Leute in dieser Situation mit ihrem Hund um die Hühnerbeine kämpfen? Müssen sie verzweifelt versuchen, ihnen die Scherben wieder aus dem Maul zu angeln? Müssen sie sich mit ihm wegen der spitzen Geflügelknochen womöglich noch in tierärztliche Behandlung begeben? Nicht so Sie! Sie dirigieren ihn einfach in den Flur. „Max, komm her! Platz! Guter Hund... Warte." So einfach ist das. In Ruhe die Küche gewischt, anschließend auch den Flur dort, wo Max gelegen hat und ihm der Geifer förmlich aus dem Maul lief. Und den Pizzadienst angerufen.

Oder dieser Spaziergang! Max abgeleint, und auf einmal, wie von der Tarantel gestochen, galoppiert er mit Spurlaut und wehenden Ohren hinter einem Kaninchen her, geradewegs auf die Bundesstraße zu! Ihnen bleibt fast das Herz stehen. „Komm her!" scheint er nicht mehr zu hören, dazu ist er schon zu weit weg. „Fuß!!!" rufen Sie und klirren dabei mit Ihrem Schlüsselbund. Das heißt laut Absprache: „Paß auf, Bursche, ich meine es jetzt ernst!" (siehe auch Kapitel 35) Und tatsächlich, er macht, Gott sei's gedankt, eine gekonnte Vollbremsung und erscheint bei Ihnen so freudestrahlend und so unschuldig, als gäbe es in dieser Gegend überhaupt keine Kaninchen. Seit Jahren nicht mehr...

Die Dinge, die er schon kann: „Sitz!" und „Platz!"

Wir sind uns doch, so hoffe ich, einig, daß mit der Erziehung des Welpen am besten sofort angefangen werden sollte. Er wird nie wieder so formbar und so lernbegierig sein, wie gerade jetzt, in seinen ersten Lebenswochen und Monaten. Und außerdem: Sitz und Platz kann er ohnehin schon. Glauben Sie nicht?

Dann nehmen Sie doch einfach Ihren hungrigen Welpen und ein Leckerli. Dabei steht „Leckerli" für einen kleinen Brocken Ihres ganz normalen Welpenfutters und nicht etwa für Drops, Sticks, Schokolade oder ähnliches. Sie werden bei dieser Art von Erziehung so viel Leckerlis verbrauchen, daß Sie damit den Hund sonst unweigerlich krank machen würden.

Sie nehmen also Ihr Hundetier und ein Leckerli. Rufen Sie den Hund zu sich, so daß er Ihnen gegenübersteht. So, jetzt führen Sie die Hand mit dem Leckerli an seine Nase und dann nach oben über seine Augen, über die

Stirn und weiter nach hinten. Sagen Sie dabei leise „Sitz!". Ein kleiner Welpe, zumal ein hungriger, folgt mit dem Näschen immer und unweigerlich Ihrer Hand mit dem Futter. Und wenn er nicht umkullern will, muß er sich auf seinen dicken kleinen Hintern setzen. Jetzt bekommt er sein Leckerchen, und zwar sofort, sobald er sitzt, und wird ausgiebig gelobt und gekrault. Fertig ist die Sitz-Übung. War doch einfach, oder? So, jetzt üben wir das gleich noch ein paarmal, weil es so viel Spaß macht und so gut schmeckt! Nach wenigen Tagen wird der Hund das Signalwort „Sitz!", das Handzeichen und Ihre Körpersprache verknüpfen, so daß es dann auch ohne Leckerli klappt.

Fehlermöglichkeiten: Wenn der Welpe nach dem Futter schnappt oder sogar hochspringt, dürfen Sie die Hand auf keinen Fall nach oben wegziehen, weil Sie damit den Hund zum weiteren Hochspringen geradezu einladen. Besonders bei sehr kleinen, lebhaften Rassen ist das manchmal gar nicht so einfach. Nicht zappeln! Das Leckerchen in der ruhigen Hand und unser nach vorne gebeugter Oberkörper „drücken" den Hund völlig undramatisch und diszipliniert in die gewünschte Position.

Wenn das alles schon gut funktioniert, dann gehen Sie einen Schritt weiter. Zuerst machen wir wieder Sitz. Jetzt führen Sie die Hand mit dem Leckerchen auf den Boden, etwa zwischen die Vorderbeine des Welpen. Dabei bedeckt Ihre Hand das Futterstückchen. Sagen Sie leise „Platz!". Der Hund wird dem Futter wieder mit der Nase folgen: „Wo, wo, wo isses?" Spätestens, wenn er versucht, das Leckerli unter Ihrer Hand mit der Schnauze hervorzubuddeln, liegt er schon auf dem Bauch. Jetzt (sofort!) bekommt er das Futter und wird kräftig gelobt. Fertig ist die Platz-Übung.

Fehlermöglichkeiten: Wenn Sie das Leckerchen von der Hundenase weg und zu weit nach vorne führen, dann wird das Tier dazu neigen aufzustehen. Deshalb sollte Ihre Hand etwa zwischen den Vorderpfoten zu liegen kommen.

Nachdem auch das im Laufe einiger Tage eingeübt ist, zuerst nur mit Leckerli, dann auch ohne, machen Sie folgendes: Konzentrieren Sie sich bitte! Die meisten Übungen stehen und fallen ohnehin mit unserer eigenen Konzentration und Disziplin. Daß wir nicht hampeln, daß wir dem Hund klare Kommandos und klare Handzeichen geben, und das Ganze auch noch leise!

Pssst!... Ganz leise. Hunde können phantastisch hören. Wenn sie wollen.

Also: Nehmen Sie ein Leckerli und lassen Ihren Welpen Sitz machen. Aber geben Sie es ihm noch nicht, sondern machen Sie mit ihm Platz. Ganz so, wie wir es gelernt haben. Und aus dem Platz machen wir jetzt wieder Sitz. Leise „Sitz!" sagen, und die Hand mitsamt dem Leckerchen nach oben führen. Ihr Oberkörper richtet sich etwas auf. Bitte langsam und ruhig, damit der Hund mit dem Näschen dem Futterstück folgen und so automatisch wieder in die Sitzposition gelangen kann. Nicht genug damit, jetzt kommt auch noch „Steh!": Die Hand geht ganz ruhig und langsam waagerecht in Richtung Ihrer Knie. Ein Bein und Ihr Becken gehen zurück und helfen damit auch, den Hund „mitzuziehen". Er steht! Jetzt gibt es das Leckerchen und reichlich Lob. Großartig! Super! Einfach phantastisch! Oder haben Sie schon einmal einen Hund gesehen, der im zarten Alter von zwölf Wochen eine „Sitz-Platz-Sitz-Steh!"-Übung so bravourös absolviert hat? Einfach Klasse!

Fehlermöglichkeiten: Von der Platz- in die Sitzposition kommt der Welpe am leichtesten, wenn Sie mit der Hand dicht an seiner Nase bleiben. Also auch hier: bitte keine ruckartigen Bewegungen! Beim „Steh!" genau so.

Wenn irgend etwas nicht so klappt wie vorgesehen, dann machen Sie bitte nicht den Fehler, „Sitz!", „Platz!" oder was auch immer ständig zu wiederholen. Und werden Sie schon gar nicht lauter dabei!

Überprüfen Sie statt dessen, wo Sie selbst den Fehler gemacht haben: Waren Ihre Handzeichen vielleicht verwirrend? Sind Sie nicht konzentriert genug? Oder haben Sie es nicht geschafft, den Hund dazu zu bringen, daß er sich auf Sie konzentriert? Ist er vielleicht einfach müde? Vergessen Sie nicht, er ist sozusagen noch ein Kleinkind und kann entsprechend nur eine kurze Zeit lang „arbeiten". Im Zweifelsfall brechen Sie die Übung möglichst nach einem kleinen Erfolg ab und belohnen Sie ihn für das bisher Geleistete mit einer großen Runde Toben.

Daß Sie Absurditäten wie „Hat dir Frauchen nicht hundertmal gesagt, daß du dich hinsetzen sollst…" niemals von sich geben werden, versteht sich von ganz alleine. Nur **ein** einzelnes leises Wort, und zwar immer dasselbe für die selbe Sache. Und leise, das sagte ich schon. Denn Sie wollen ja nicht, daß im Umkreis von

100 Metern alle Ihren Disput mit dem Tier verfolgen. Es reicht, wenn Ihr Hund Sie versteht und sich alle Außenstehenden nur wundern, wieso er so gut pariert. Ja, wieso eigentlich? Nun, weil Sie ihm ein klares, vertrautes Signalwort geben. Weil Sie ihm mit Handzeichen und Körpersprache helfen, Sie noch besser zu verstehen. Und natürlich, weil Sie dafür sorgen, daß ihm die Sache Spaß macht, indem Sie ihn für gute Leistungen belohnen.

Noch ein Wort zur Belohnung: Wenn Sie mit Ihrem kleinen Hund Sitz und Platz ganz neu einüben, brauchen Sie dazu Futterstückchen, um ihn an der Nase in die gewünschte Position zu führen. Später, wenn er schon versteht, worum es geht, wird es wichtig sein, daß die Belohnung nicht stereotyp, also gleichförmig, kalkulierbar und daher langweilig wird, nach dem Motto: einmal „Sitz" = ein Leckerli, zweimal „Sitz" = zwei Leckerlis, usw. Versuchen Sie vielmehr, Ihren Hund zu überraschen, um die Spannung und damit seine Motivation zu erhalten. Das heißt, für eine gelungene Übung gibt es einmal ein Leckerchen, nächstes Mal wird gekrault oder eine Runde getobt, oder er bekommt sein Lieblingsquietschspielzeug, usw.

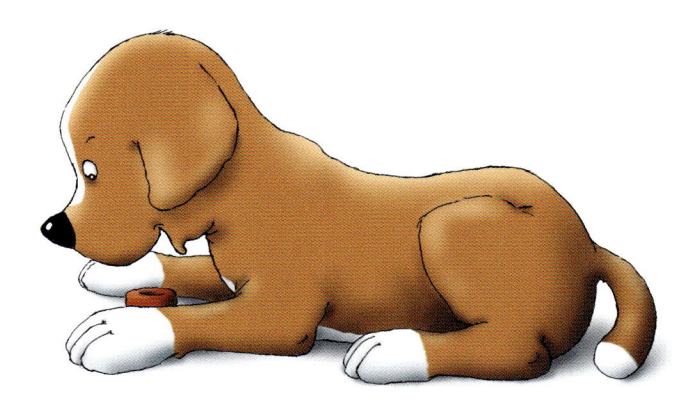

„Warte!": das Kommando, das keines ist

Bei dieser Übung besteht die ganze Kunst einfach darin, einem sitzenden Hund mit Tonfall und Körpersprache mitzuteilen: „Was du gerade tust, ist gut getan. Mach weiter so!"

Damit wären wir wieder beim Tonfall... Es ist nicht nur für diese Übung, sondern für die gesamte Kommunikation mit dem Hund ungeheuer wichtig, daß wir den jeweils richtigen Ton anschlagen.

Ein Signalwort, z.B. „Sitz!", ist die kurze Mitteilung an den Hund, was von ihm erwartet wird. Wir sind dabei leise. Ich werde nicht müde, das zu wiederholen, und glauben Sie mir, ich habe dafür so manchen guten Grund in Gestalt derjenigen Hundebesitzer, die ein Kommando kaum jemals unter 80 Decibel von sich geben, als wäre die Lautstärke bei der Hundeerziehung die entscheidende Größe... Also leise! Aber dennoch in einem Tonfall, dem das Tier entnehmen kann, daß Sie es ernst meinen. Und bitte nur in einem Wort! Nicht etwa „Setz dich endlich hin!" oder „Hat Frauchen dir nicht gesagt, daß du Platz machen sollst?", sondern „Sitz!" oder „Platz!".

Etwas völlig anderes ist dann das einschmeichelnde Gesäusel, das wir immer dann von uns geben, wenn unser Hundetier gerade etwas Tolles geleistet hat. „Guuuuter Hund... braaav... fein macht er das... gut so..." Sie haben schon gemerkt, hierbei kommt es nicht so sehr darauf an, daß das Tier die Worte versteht. Darum können Sie ihm erzählen, was Sie wollen, Hauptsache, es klingt nach Lob. Nach echter Begeisterung. Nach ein bißchen Dankbarkeit. Nach Freude... Gerade männliche Hundebesitzer tun sich häufig schwer damit, etwas anderes als ein einheitliches Bariton-Einerlei von sich zu geben. Nur „Hassositzfein!" und zwei Klopfer auf den Kopf vermögen häufig nicht ganz das herüberzubringen, was gemeint ist. Da bleibt nur eines: üben, üben, üben ... und nochmals üben! Und wenn es erst einmal für sich alleine unter der Dusche ist...

Ein dritter Tonfall muß her, wenn wir einmal „Nein!", und ein vierter, wenn wir „Aus!!!" sagen. Aber dazu kommen wir noch.

Unsere „Warte!"-Übung steht und fällt also mit dem Tonfall. Nicht einmal ein Leckerli haben wir dabei, die Hände sind leer. Wir lassen den Hund absitzen. Dann richten wir uns langsam auf und nehmen Augenkontakt zum Hund auf. Unsere offene, dem Tier zugewandte Handfläche signalisiert „Stop" und bremst eventuelle

Aktivitäten des Hundes. Gleichzeitig machen wir dem Welpen mit Lob in unserem wärmsten und ruhigsten Tonfall klar, daß es prima ist, was er gerade tut (nämlich sitzen) und daß er das weiter tun soll (nämlich sitzen bleiben). In etwa so: „Max, sitz!" und dann: (langsam aufrichten, die Hand zeigt „Stop!") „Gut so… Warte… schön sitzenbleiben… Warte… guter Hund…"

Ganz ohne Ausrufezeichen. Ganz sanft und leise. So, das reicht auch schon! Wieder runter zu dem Hund, es war prima, geradezu großartig!

Ganz allmählich, von Tag zu Tag, steigern wir uns. Wir gehen, während wir lobend auf den Hund einreden, erst einen halben Schritt zurück. Dann einen ganzen. Dann vorsichtig drei Schritte. Und nach drei-vier Wochen zwanzig Schritte und mehr.

Der Konzentration von Herrn und Hund kommt bei dieser Übung eine ganz besondere Bedeutung zu. Die Schwierigkeit besteht nämlich darin, die „geistige Leine" für keinen einzigen Augenblick abreißen zu lassen. Dabei ist der ständige Blickkontakt mit dem Tier außerordentlich wichtig. So er bei der jeweiligen Rasse überhaupt möglich ist.

Ohne einigen Rassestandards nahetreten zu wollen, möchte ich an dieser Stelle einmal feststellen, daß alle Hunde (ich betone: alle Hunde!) ihre Augen zum Gucken, zum möglichst ungehinderten Sehen haben. Daß bestimmte Rassen die Fransen im Gesicht aus gesundheitlichen Gründen für die Augen brauchten, ist ein Gerücht und medizinisch absolut unhaltbar. Die Haare dürfen im Augenbereich also ruhig abgeschnitten werden, oder man bindet sie mit einem Schleifchen zurück. Letzteres ist gewiß nicht jedermanns Sache, aber Fakt ist, daß auch Ihr Hund entschieden mehr vom Leben hat (in dieser Beziehung ist er auch nur ein Mensch) wenn er Sie und seine Umwelt sehen kann. Denn selbst wenn man zugibt, daß der Gesichtssinn der Hunde im Vergleich zu ihrem großartigen Geruchssinn eher kümmerlich ist, so spielt er gerade im Bereich der Kommunikation eine große Rolle.

Wenn es uns gelingt, die Augen unseres Tieres und damit seine Konzentration einzufangen, wenn er mit offenem und erwartungsvollem Blick in unser Gesicht sieht, dann wirkt der Blickkontakt wie eine unsichtbare Leine. Und abgesehen davon: Hunde haben meistens wunderschöne Augen, die unendlich vieles ausdrücken können. Auf die Gefahr hin, daß mich einige Verhaltenskundler auf der Stelle für verrückt erklären, wage ich die Behauptung, daß ein Hundeblick eine große Vielfalt verschiedenster Empfindungen auszudrücken vermag: Freude, Weltschmerz, Glück, Angst, Wohlbehagen, Neugierde, Langeweile, Schalk... Zumindest meine ich, all das und noch viel mehr darin schon gesehen zu haben. Sie doch auch, oder? Deshalb ist es mindestens schade, wenn sich all dies hinter einem undurchdringlichen Dickicht von Fell abspielt, wo es niemand mitbekommt.

Fehlermöglichkeiten bei der Warte-Übung: Man sollte den Welpen niemals überfordern. Wenn er sein Hinterteil vorzeitig erhoben hat, dann liegt das daran, daß wir uns zu viel vorgenommen haben und zu viele Schritte von ihm weg gemacht haben. Dann sollten wir wieder ganz bescheiden dort anfangen, wo wir gestern oder vorgestern waren und uns langsamer vortasten. Es gibt keinen Grund für Eile, diese Übung läuft einem nicht weg. Wir haben alle Zeit der Welt.

Außerdem sollten wir zunächst immer selbst zu dem Welpen zurückgehen. Aus der Warte-Position abgerufen zu werden ist etwas für Fortgeschrittene.

„Komm her!"
Kleine Sache mit großen Tücken

Wer kennt das nicht: „Es ist zum Heulen! Er kommt einfach nicht... Hat er einen Hörsturz oder was?... Dabei pariert er sonst aufs Wort. Aber wenn er erst mal abgeleint ist... Zum Verzweifeln, ehrlich!"

Armes Herrchen! Er steht mit der leeren Leine mitten auf dem Feld und ruft sich die Kehle wund. Max hingegen denkt überhaupt nicht daran, auch nur näherzukommen. Er stellt sich einfach taub. Und dumm dazu. Sein Standpunkt ist verständlich, wenn man bedenkt, wie oft er mit dem Befehl „Komm her!" schon schlechte Erfahrungen gemacht hat. „Wieso das denn?!" werden Sie jetzt fragen. Nun, sehen wir uns die Sache einmal aus Hundesicht an.

Stellen Sie sich vor, Sie machen einen Spaziergang. Ihr Hund stöbert selbstvergessen im Unterholz. Sie, auf die/den zu Hause noch ein wichtiges Telefongespräch wartet, oder die Schwiegermutter, die vom Bahnhof abgeholt werden will oder sonst irgendeine Nebensächlichkeit, überlegen sich mit einem Mal, daß die Zeit um ist. „Max, komm her!" heißt es. Max wird angeleint, der Spaß ist vorbei. Es geht ab nach Hause.

Oder er spielt mit seinen Freunden. Ein riesiges, herrliches Tohuwabohu und mitten drin Ihre Stimme: „Max, komm her!" Er kommt an die Leine, und weiter geht´s. Schließlich können Sie nicht den ganzen Nachmittag hier herumstehen... Das Spiel ist für ihn wieder einmal zu Ende.

Oder er stellt gerade Kaninchen nach („Mal gucken, ob sie vielleicht heute mit mir spielen wollen...!") und Ihre Lieblingstalkshow fängt gleich an. „Max, komm her!"... Oder er überprüft gerade, ob auch wirklich alle Igel pieksig sind, und Sie müssen gleich zum Dienst...

Wenn Max nun nicht ganz dumm ist (und das sind die wenigsten Hunde), dann hat er eines bald erkannt: „Komm her!" ist in der Regel keine gute Nachricht. Überhaupt nicht. Er wird deshalb in Zukunft das tun, was ihm klüger erscheint, nämlich diese beiden winzig kleinen Worte tunlichst ignorieren.

Wie können Sie diese Situation vermeiden? Wie können Sie es erreichen, daß es sich für Ihr Tier lohnt, unverzüglich zu Ihnen zu kommen, wenn es gerufen wird? Nun, auch bei dieser Sache kommt es darauf an, gleich von Anfang an das Richtige zu tun.

Fangen wir beim ganz kleinen Mäxchen an: Laufen Sie niemals einem Welpen hinterher, sonst erreichen Sie nur, daß er noch schneller rennt. Denkt er doch, daß Sie seine Aufforderung, „Laß uns Jagen spielen!" endlich begriffen haben und mitmachen.

Rufen Sie ihn auch nicht ständig, wenn er mal einen Schritt zur Seite macht. Er wird es sonst, da er Sie ja dauernd hört, nicht für notwendig erachten, Sie im Auge zu behalten. Schließlich sind Sie in der Nähe, man kann es ja deutlich hören.

Nutzen Sie seinen Folgetrieb, um ihm anzugewöhnen, von sich aus in Ihrer Nähe zu bleiben. Er ist im zarten Alter von zehn-zwölf Wochen noch sehr bemüht, seinem Rudel nicht abhanden zu kommen. Denn seine Mama würde ihn bei Spaziergängen auch nicht beaufsichtigen, sondern er müßte selbst sehen, daß er nicht verlorengeht. Wie ungeheuer praktisch! Sie müssen sich also nur so gelassen geben, wie es seine Mutter täte, nach dem Motto: „Bürschchen, du mußt schon selbst ein bißchen aufpassen und immer schön gucken, wo es langgeht, sonst bin ich imstande und verstecke mich oder laufe dir einfach weg!" Tun Sie das auch! Verstecken Sie sich von Zeit zu Zeit hinter einem Baum. Wenn er Sie nicht gleich findet, „Mäuschen, sag mal Piep!", geben Sie ihm ein kleines Zeichen. Die Wiedersehensfreude ist jedesmal riesengroß, und Spaß macht das Spiel obendrein. Oder, wenn er sich von Ihnen zu weit wegwagt, rennen Sie, wenn es irgend möglich ist, in die andere Richtung. Er wird Ihnen begeistert folgen. Wenn er Sie eingeholt hat, steigern Sie Ihren Marktwert noch, indem Sie ihm ein Leckerli geben und mit ihm spielen.

So viel zu dem erst wenige Wochen alten Mäxchen. Da geht alles noch relativ einfach. Aber spätestens in der Pubertät macht sich unser Hund immer selbständiger und es wird dann etwas schwieriger sein, ihn am gelegentlichen Ausbüxen zu hindern.

Überhaupt müssen wir uns bewußt machen, daß Spielkameraden, Igel, Kaninchen, und selbst eine tausendfach angepinkelte Hausecke für unser halbwüchsiges Hundetier viel interessanter sind als wir selbst. Es sei denn, es gelänge uns, unsere Person ebenso attraktiv zu machen. Dazu gehört allerdings einige Raffinesse.

Liebe geht bekanntlich durch den Magen. Hundeliebe und Gehorsam erst recht. Was hindert uns also daran, das Tier nicht aus dem Napf, sondern aus der Hand zu füttern? Stellen Sie sich vor, Ihr Hund hat so richtig „Schmacht" und Sie die Hosentaschen voll mit seinem Futter. Sie rufen ihn im Laufe des Spaziergangs ab und an zu sich, geben ihm ein wenig davon und schicken ihn wieder weg. „Lauf, Max!" Eine ganz neue Situation entsteht!

Nicht er läßt Sie stehen, sondern Sie schicken ihn weg! Unglaublich! Und Sie sagen ihm einige Minuten später, daß er wieder zu Ihnen kommen darf, um sich ein paar weitere Brokken und einige Streicheleinheiten abzuholen... Sie haben plötzlich einen viel motivierteren Hund, nicht wahr?

Wirksame „Argumente" sind außer den Lekkerlis selbstverständlich auch Streicheleinheiten und besonders das Spielen. Rufen Sie den Welpen öfter zu sich, um mit ihm herumzubalgen, um Stöckchen oder den heißgeliebten Ball zu werfen oder um mit ihm Fangen zu spielen und schicken Sie ihn wieder weg, wenn das Spiel am schönsten ist.

Geben Sie ihm das Gefühl, daß es wunderbar ist, „Komm her!" zu hören. Machen Sie sich für den Hund attraktiv! Bedenken Sie, daß Sie dabei mit der ganzen Umwelt, die für einen Welpen ungeheuer neu und aufregend ist, in ständiger Konkurrenz stehen. Wenn potentielle Spielkameraden in Sicht sind oder ein Schmetterling oder sonst irgendetwas ungeheuer Aufregendes, dann reicht es eben nicht „Komm jetzt gefälligst her!" zu brummen und sich zu wundern, wenn es ignoriert wird. Wir müssen einem jungen Hund schon etwas mehr bieten!

Da ist so ziemlich alles erlaubt: Quietscher, Juchzer, in die Hände klatschen, Schenkel klopfen, herumspringen, so tun, als ob wir wegliefen, etc., etc. Sicherlich ist all das gut geeignet, sich in den Augen eventueller Beobachter, wie man so schön sagt, „zum Affen zu machen". Aber wen kümmert's? Wichtiger ist doch, daß unser Hund der Meinung ist „Mein Frauchen/Herrchen ist echt spitze! Macht richtig was los. Nicht so wie die anderen Langweiler alle…" Und nicht vergessen: Ist er gekommen, müssen wir uns bei ihm dafür bedanken. Auch dabei ist hemmungsloser Überschwang angebrachter als „Na endlich…"-Tätschel-Tätschel-Langeweile…

Auch wenn viele Menschen davon überzeugt sind, daß Hunde „aufs Wort parieren müssen" (gefälligst!...), ergibt sich dabei eine Schwierigkeit: Unseren Hunden ist vieles angeboren, das Herankommen auf Befehl gehört dummerweise nicht dazu. Wir müssen dafür schon etwas tun, daß sie zuverlässig und gerne kommen, wenn wir sie rufen. Nur wenn wir das begreifen und das Gehorchen für das Tier lohnend und attraktiv machen, werden uns die Situationen mit der leeren Leine in der Hand und der wundgeschrienen Kehle erspart bleiben.

Die Fütterung aus der Hand:
Wie, wann und wozu?

In Kapitel 10 sagte ich Ihnen schon, daß Sie für Ihren Hund vorerst noch gar keinen Futternapf brauchen werden. Verstehen Sie jetzt, wieso? Es geht uns darum, Ihre Person für den Welpen möglichst attraktiv zu machen. Dabei bedeutet alles Futter, das „einfach so" aus dem Napf verfüttert wird, aus erzieherischer Sicht verschenkte Kalorien und verschenkte Motivation. Es ist nichts leichter, als einen hungrigen Welpen mit diesem besten aller Argumente, nämlich mit etwas Futter in der Hosentasche, davon zu überzeugen, daß es durchaus Sinn macht, die Ohren aufzusperren und sofort loszustürmen, wenn man sich davon etwas abholen darf. „Max, komm her!" wäre dann ja eine überaus gute Nachricht!

Vergessen Sie bitte, was Sie von den drei oder vier obligatorischen Mahlzeiten eines Welpen bisher gehört haben: „Morgens eingeweicht und mit ein bißchen Honig und einem Eßlöffelchen Quark, mittags mit einer halben Banane und eineinhalb geraspelten Karotten und einmal in der Woche ein geschlagenes Ei...". All das braucht der Welpe nicht, denn zum Glück gibt es heutzutage hervorragende Trockenfuttersorten, die, auch und gerade allein gegeben, eine optimale Fütterung Ihres Lieblings sicherstellen.

Fragen Sie im Zweifelsfall Ihren Tierarzt, welche Futtersorten für die jeweilige Rasse und Alter zu empfehlen sind und wieviel Sie davon pro Tag geben dürfen. Dann brauchen Sie morgens lediglich die Menge, die dem Hund für den Tag zusteht, abzuwiegen und irgendwo hinzustellen, wo alle Familienmitglieder (bis auf den Hund natürlich) darankommen. So kann sich jeder, besonders auch Ihre Kinder, davon etwas nehmen, um mit dem Tier zu üben.

Mit „Üben" ist dabei nicht immer die hohe Schule der Hundedressur gemeint. Wenn das

Tier auf Ihren Zuruf hin zu Ihnen kommt, wenn es das auch noch prompt und gerne tut, dann ist schon viel erreicht. Oder wenn es ein Stückchen bei Fuß läuft, denn auch das kann man als Hund viel, viel besser, wenn Frauchen dabei zufällig etwas Leckeres in der Hand hält…

Wenn die Tagesration aufgebraucht ist, tja, dann war´s das für heute. Wenn abends aber noch etwas Futter übrig ist, dann lassen Sie es das schwächste Familienmitglied, z.B. das jüngste Kind (je nach Alter des Kindes unter Aufsicht) verfüttern, damit es einen „kynopädagogischen" (kynos wie Hund, griechisch) Sinn erfüllt: Es bringt Ihr Jüngstes in die gebende Position und macht dem Welpen gleichzeitig deutlich, wer von wem abhängt.

Sie haben gewiß von den unnötigen und mitunter sehr ernsthaften Bißverletzungen bei kleinen Kindern gehört, die in die Nähe des Futternapfes schlecht erzogener Hunde gerieten. So etwas wollen wir bestimmt nicht riskieren! Deshalb werden Sie es tunlichst vermeiden, dem Tier sein Futter als Eigentum zu überlassen. Vielmehr werden Sie jeden Brocken für die Erziehung bzw. für den Beziehungsaufbau nutzen. Sei es als Motivationshilfe, sei es, um dem Hund auf die sanfte und erfreuliche Art klarzumachen, daß Sie alle, selbst Ihr kleinstes Kind, in der Futterrangordnung über ihm stehen.

Die Futterrangordnung ist mit der sozialen Rangordnung zwar nicht identisch, aber zum größten Teil deckungsgleich. Um es einfacher auszudrücken: Wenn ein Hund einer Person gegenüber sein Futter verteidigen darf, wenn er einem Familienmitglied nicht „gestattet", ihm das Futter wieder wegzunehmen, dann fühlt er sich dieser Person gegenüber höhergestellt. In einem solchen Fall wäre eine Bißverletzung in nächster Zeit nicht verwunderlich, sondern die allzu logische Konsequenz und als solche dem Tier nicht einmal vorzuwerfen.

Wenn Sie einen Welpen einer größeren Rasse oder einen Dickkopf Ihr eigen nennen, dann wäre Ihnen außerdem dringend anzuraten, von Anfang an ein gewisses „Schikanierungsprogramm" durchzuführen. Das heißt, man gibt dem Hund ein Stück Futter und nimmt es ihm wieder weg. Auch aus dem Maul. Um es ihm gleich wieder zurück zugeben. Oder auch nicht… Oh je, ich kann förmlich hören, wie Sie jetzt innerlich aufstöhnen…

Aber bedenken Sie bitte: es hätte schon manchem vollkommen gesunden Hund die Abgabe in ein Tierheim oder sogar das Einschläfern wegen unbeherrschbarer Aggressivität erspart, wenn seine Besitzer ihn täglich auf diese Weise daran erinnert hätten, wer der Chef im Hause ist. Und wer nicht.

Sinnvolle Beschäftigung und das Hundchen-mag-nicht-alleine-bleiben-Problem

Es liegt auf der Hand, daß für einen jungen Hund alles neu und aufregend ist und zum Spielen taugt: Stöckchen zum Herumschleppen, alte Lumpen zum Tauziehen, Schmetterlinge zum Fangenspielen, Blätter, die sich im Wind bewegen zum Anpirschen... Selbst der eigene Schwanz tut's, denn irgendwie bleibt er ja nie stehen, egal, wie schnell man sich um sich selbst dreht!

Es gibt auch sinnvolles Spielzeug, das Sie Ihrem Hund anschaffen können, z.B. Bälle, Büffelhautknochen, Quietschspielzeug, Seilknoten und ähnliches.

Anderes wiederum können Sie selbst anfertigen, und gerade diese Spielsachen sind für Ihren Hund häufig die besten, um ihn sinnvoll zu beschäftigen und um ihn zu fordern.

Da wäre z.B. der in Kapitel 19 bereits beschriebene Kauknochen, den Sie aus einem großen Röhrenknochen und einem Stück Cabanossi oder ähnlichem selbst basteln können und mit dem ein Hund, während er vergeblich versucht, an die Wurst heranzukommen, schon ziemlich viel Zeit verbringen kann.

Man kann auch ein Bröckchen Hundefutter unter einer umgedrehten Tasse, Schüssel, oder ähnlichem verstecken. Natürlich wird das Tier versuchen, das Futter irgendwie zu ergattern und die Schüssel mit der Nase deshalb quer durch die ganze Wohnung schieben. Bis es dahinterkommt, die Tasse an einer Wand oder mit der Pfote abzustoppen, kann schon einige Zeit vergehen. Und wenn er den Dreh ganz heraushat, kann man den Schwierigkeitsgrad steigern, indem man eine flachere, glattere Schüssel verwendet.

Dann gibt es ja noch den guten alten Tennisball, in den man ein Loch schneidet und in den man ebenfalls Leckerlis hineinpraktiziert. Mann, riecht der gut!...Mal sehen, wie die Dinger da herauszubekommen sind... Es muß doch zu schaffen sein!... Ist das Prinzip klar geworden, nämlich, daß der Ball gerollt werden sollte, kann man einen nächsten Tennisball mit einem etwas kleineren Loch präparieren. Damit die Spannung erhalten bleibt...

Sie sehen, mit etwas Phantasie und Erfindungsgeist lassen sich auf relativ einfache Weise die schönsten Spielsachen herstellen.

Aber achten Sie darauf, daß der Hund diese wunderbaren Dinge nicht allzu häufig bekommt, denn sie sollen ja auf keinen Fall langweilig werden. Insbesondere sollte man die attraktivsten Spielsachen gerade für die Zeiten aufsparen, in denen man das Tier alleine lassen muß.

Gerade das Alleinbleiben wird für viele Tiere, wenn man nicht aufpaßt, zu einem Problem. Das kann dann in besonders schlimmen Fällen so ausarten, daß Hunde die ganze Wohnung demolieren oder aber mit stundenlangen Jaul- und Kläfforgien für Ärger und Streit mit den Nachbarn sorgen.

Deshalb Vorsicht! Welpen sollte man nur allmählich an das Alleinsein gewöhnen. Zunächst bietet sich natürlich an, sie in ihrer Box zu lassen, damit sie in der Wohnung keinen (womöglich gefährlichen) Unsinn anstellen können. Verlassen Sie den Raum, später die Wohnung zunächst nur für eine kurze Zeit und verlängern diese ganz allmählich.

Vermeiden Sie Abschieds- und Wiedersehensszenen! Tun Sie so, als sei nichts Besonderes passiert, als sei die Tatsache, daß Sie manchmal weggehen und selbstverständlich wiederkommen, die natürlichste Sache der Welt.

Und kommen Sie niemals zu dem Welpen zurück, wenn er quengelt oder gar jault!!! Gerade in einem solchen Fall ist es wichtig, daß Sie just dann wieder auftauchen, wenn er (wenigstens für einen Moment) gerade ruhig ist. Denn, Sie kennen das Prinzip ja schon: Wir überlegen immer erst, was wir eigentlich belohnen wollen. Und was nicht.

Die Leinenführigkeit:
Erziehung statt Gehhilfen

Wenn Sie Ihren Welpen bekommen, wird er wahrscheinlich noch gar keine Erfahrung mit der Leine haben. Kein Problem! Sie haben sich ein einfaches, völlig unkompliziertes, möglichst leichtes Modell von ca. 1 bis 2 Metern Länge angeschafft. Vorzugsweise aus Kunststoff oder aus Leder (siehe auch Kapitel 10). Kettenleinen aus Metall sind ungünstig, weil der Welpe sich verletzen kann, falls er daran herumknabbert.

Fangen wir die Sache erst einmal ganz klein an. Leinen Sie Ihren Welpen in der Wohnung an, lassen Sie die Leine jedoch zunächst einmal los, so daß der Hund sie hinter sich herziehen kann. Passen Sie dabei lediglich auf, daß er mit der Leine nirgendwo hängenbleibt und sich nicht verheddern kann. Animieren Sie ihn mit Spiel und mit Leckerlis, hinter Ihnen herzulaufen. „Fang mich doch!...", so daß er sich nach und nach an dieses fremde Gefühl gewöhnen kann, ohne es so richtig zu merken. Wenn er unwillig oder „ängstlich" reagiert, gehen Sie nicht darauf ein, sondern lenken Sie ihn ab und ermuntern Sie ihn, an etwas anderes, schöneres, wichtigeres zu denken. Dann drehen Sie das Spiel um und laufen Sie ein Weilchen hinter ihm her. Zum Schluß so, daß Sie dabei das Ende der Leine festhalten.

Draußen macht man das Ganze prinzipiell genauso, bloß, daß irgendwann der Augenblick kommt, wo der Welpe feststellt, daß er Ihnen wohl oder übel folgen muß. Sollte er jetzt unwillig reagieren, bleiben Sie freundlich-resolut. Gehen Sie auf „Zicken" nicht ein. Sie erinnern sich: Wenn Sie jedesmal in die Knie gehen und Ei-tei-tei machen, wenn er seine Bremsen anzieht, dann belohnen Sie ja nur das wehrige Verhalten. Setzen Sie sanft aber bestimmt durch, daß er mit Ihnen mitgeht. Quittieren Sie das Folgen mit Fröhlichkeit, Freundlichkeit und Belohnungen.

So, das war´s auch schon. War doch wirklich einfach, oder?

Ihre unbekümmerte Freude über diesen kleinen Erfolg soll Ihnen allerdings nicht lange gegönnt sein. Denn kaum hat er sich an die Leine gewöhnt und begriffen, daß sie „Gassi", also etwas Gutes bedeutet, da fängt er auch schon damit an, Sie daran durch die Gegend zu ziehen. Und zwar so, daß ihm dabei die Zunge aus dem Hals hängt. Sollte es sich um ein Jungtier einer größeren Rasse handeln, fangen Sie außerdem sehr bald an zu verstehen, was der Ausdruck „Tennisarm" bedeutet. Wie schade für Sie beide!

Wenn Sie wollen, daß es mit Ihrem Welpen gar nicht erst soweit kommt, dann sollten Sie die Sache gleich von Anfang an richtig angehen.

Zeigen Sie ihm, daß es, sobald sich die Leine spannt, einfach nicht weitergeht. Das heißt, Sie laufen mit dem Hund nur so lange in eine bestimmte Richtung, wie die Leine locker durchhängt. Spannt sie, bleiben Sie einfach stehen. Das ist für einen jungen Hund schon Strafe genug. Deshalb wird er das Prinzip bald erfassen: „Wenn es am Hals spannt, geht es überhaupt nicht weiter.
Meine Güte,

ist dieses Herumstehen langweilig!

Na gut, dann laufen wir eben langsamer, Hauptsache, es geht überhaupt vorwärts…" Diese sanfteste aller Methoden funktioniert allerdings nur dann, wenn sie absolut konsequent durchgeführt wird. Das heißt, Sie müßten sich die Zeit nehmen und es so einrichten, daß Sie sich für die Dauer von einigen Tagen eisern an die Regularien halten und, wenn die Leine spannt, stehenbleiben. Und wenn Sie eine halbe Stunde lang nicht vom Fleck kommen… Wenn der Hund in dieser Phase mit dem Ziehen auch nur ausnahmsweise durchkommt, wenn es also an der gespannten Leine mal vorangeht, mal nicht, dann wird er den Sinn der Übung nicht begreifen.

Dann bleibt Ihnen nichts anderes übrig, als der Leine, wenn der Hund zieht, einen Ruck zu geben. Dabei ist einiges zu beachten:

„Ruck" heißt auch Ruck (wenn auch nur ganz leicht, schließlich wollen wir das Tier dabei nicht verletzen!) und nicht Gegenzug. Es geht dabei darum, dem Tier kurz und knapp zu zeigen, daß es sich im Augenblick falsch verhält. Also, nicht ziehen! Dies würde nur dazu führen, daß eine Art Kräftemessen entsteht, mit dem Resultat, daß Ihr Hund während der kommenden Jahre mit heraushängender Zunge und akutem Sauerstoffmangel Gassi geht. Und Sie, je nach seiner Größe, mit besagtem Tennisarm. Ist der Hund nach dem Leinenruck wieder bei Fuß, muß die Leine sofort wieder locker gelassen werden. Sie helfen Ihrem Tier sehr, wenn Sie darauf achten, daß der Unterschied zwischen „Ruck" und „locker" ganz deutlich ist.

Also nochmal, ganz langsam: Sie nehmen Ihren Hund an die Leine. Sie lassen ihn Sitz machen. Das ist sehr wichtig, damit er sich für einen Augenblick sammeln kann. So. Jetzt sagen Sie ihm „Fuß!" und gehen los, und zwar forschen Schrittes. Reden Sie mit ihm, bleiben Sie in Kontakt mit ihm, loben Sie ihn, solange er bei Fuß geht und die Leine locker durchhängt. Und laufen dabei weiter! Läuft er vor, wiederholen Sie „Fuß!!". Leichter Ruck mit der Leine. Ist er bei Fuß: Leine locker! Locker!!! Nicht mogeln! Versuchen Sie nicht, ihn mit sanftem Gegenzug am Abhauen zu hindern. Lassen Sie die Leine locker! Wenn er zieht: „Fuß!!" und Leinenruck. Und wieder locker! Und loben. Zum Schluß nochmal „Sitz! Guuuuter Hund! Super! Feiner Hund!" etc., p.p. Und ableinen. „Lauf!" Gut gemacht.

Die folgenden Punkte möchte ich Ihnen dabei ganz besonders ans Herz legen:

1. Bitte, deutlich „Ruck" und deutlich „locker". Nicht schummeln, sonst wird das Tier nie verstehen, was gemeint ist.

2. Am Anfang und Ende jeder „Fuß"-Übung sitzt der Hund.

3. Erst „Fuß!" sagen, **dann** Leinenruck!! Ganz wichtig und ganz schwierig, denn unsere Körpersprache kommt normalerweise vor dem gesprochenen Wort, was hier aber ganz falsch wäre. Der Hund darf nicht bestraft werden (ein Leinenruck, auch ein leichter, ist ja eine Strafe), bevor er gesagt bekommt, was er zu tun hat und er die Chance hatte, sein Verhalten von sich aus zu korrigieren.

4. „Fuß!" einmal ausgesprochen, heißt unter allen Umständen „Fuß!". Da wird nicht geschnuppert, da werden keine Häufchen und Seen gemacht, da wird nichts, aber auch gar nichts anderes gemacht, als bei Fuß gegangen!

5. Seien Sie zu Anfang stolz und zufrieden, wenn Sie beide es geschafft haben, zwanzig Meter vernünftig bei Fuß hinter sich zu bringen. Das ist für den Anfang schon viel! Wenn Sie alle diese Punkte wirklich beachten, werden Sie feststellen, daß diese Übung nicht nur Ihren Hund, sondern auch Sie selbst ganz schön schafft.

Merke: Das Ziehen an der Leine darf nicht zum Thema für die nächsten Jahre werden. Es ist vielmehr etwas, was man mit dem Hund gleich zu Anfang in einem Zeitraum von, sagen wir mal, drei Wochen klärt. Ein für allemal.

Diese „Klärung" sollte, gerade bei größeren Rassen, tunlichst früh erfolgen. Hat sich der Welpe an das Ziehen an der Leine erst einmal gewöhnt, wird es bei einem größeren Junghund schon rein physisch schwer sein, ihn umzuziehen. Es ist ganz erstaunlich, welche enorme Zugkraft bereits ein 20 kg schweres Tier entwickeln kann. Meistens läuft es deshalb darauf hinaus, daß der Besitzer Mühe hat, überhaupt noch Schritt zu halten und die ungefähre Richtung zu bestimmen, und darum nur noch sporadisch hier und da in der Lage ist, einen spürbaren Leinenruck auszuteilen. Sporadische Strafen bewirken aber rein gar nichts, im Gegenteil, sie sind gut geeignet, das Tier vollends zu verwirren oder aber abzustumpfen. Wenn schon Strafe, dann wenigstens an der richtigen Stelle, zum richtigen Zeitpunkt, in der richtigen Dosis und gut überlegt. Das alles kann ein Mensch, der durch die Gegend gezerrt wird, nicht gewährleisten.

Also Stachelhalsband? Nicht doch! Die Nummer wollten wir uns eigentlich sparen! Und ich für meinen Teil halte auch von Würgern nichts. In der Theorie sollen sie, wenn sie sich zuziehen, den Nackengriff imitieren. Bloß: ich kenne keinen Nackengriff, der unten an der Kehle ansetzt. Und überhaupt finde ich erzieherische Maßnahmen, die jemandem eine Schlinge um den Hals zuziehen, vorsichtig ausgedrückt, übertrieben. Nicht angebracht. Überflüssig. Um nicht zu sagen: völlig bescheuert.

Ein Wort zum Ableinen: Man darf ein Tier, das gerade an der Leine zieht und zerrt, herumspringt und auch sonst aus dem Häuschen ist, nie, nie, niemals (!) ableinen. Das hieße nämlich, das Ziehen und die schlechte Disziplin zu belohnen, was unweigerlich weiteres Ziehen und noch schlechtere Disziplin zur Folge hätte. Der Hund hat sich zu setzen und einen Augenblick zu sammeln, sonst bleibt die Leine dran! Und bevor er schließlich los darf, lassen Sie es sich nicht nehmen, ihn von sich aus freizugeben. Das Signalwort „Lauf!" soll ihn daran erinnern, daß er nicht einfach so wegrennen kann, wenn ihm danach ist, sondern daß Sie da auch noch ein Wörtchen (nämlich „Lauf!") mitzureden haben.

„Naah!" und „Aus!":
der feine Unterschied

Stellen Sie sich vor, daß Sie mit Ihrem Hund gerade „Warte!" üben. Es klappt bereits leidlich gut, Sie können sich schon ein oder zwei Schritte von ihm entfernen. Sie konzentrieren sich ungeheuerlich, hypnotisieren den Hund geradezu, damit ja nichts schiefgeht. „Guter Hund... Warte... Gut so... Braver Junge...". Mit einemmal sehen Sie seinen Augen förmlich an, daß er gleich aufstehen wird. „Naah!" sagen Sie prompt: ein kehliger, tiefer Laut (Sie wissen, wie ein Frosch klingt?), der so ganz anders ist als Ihr bisheriger bestätigender Tonfall. Ihr Körper geht leicht vor, und beides zusammen, das „Naah!" und Ihre Körpersprache, „drücken" den Hund gewissermaßen wieder hinunter in die Sitzposition. Kaum daß er sitzt, bekommt er wieder Ihr bestätigendes „Gut so... Braver Hund... Warte..." zu hören.

„Naah!" ist keine Strafe und keine Drohung, sondern lediglich das Hörzeichen dafür, daß das Tier gerade etwas falsch macht oder falsch machen will. Frei übersetzt: „Nein! Denk nach! Nicht so!". Wenn Ihr Tonfall (nicht die Lautstärke!) deutlich genug ist, wird der Hund sofort erkennen, daß er im Augenblick keine sehr gute Idee verfolgt, und er kann sein Verhalten entsprechend korrigieren.

Ein „Aus!" hingegen ist etwas ganz anderes. „Aus!" heißt: „Untersteh dich!" oder: „Laß das, und zwar augenblicklich!" . Und auch: „Daß du das ja nie wieder tust!". (Nur der Unmißverständlichkeit halber: Wir sagen lediglich „Aus!", so wie wir vorhin auch nur „Naah!" gesagt haben. Die ganze restliche Tirade sei hier nur so etwas wie eine freie Übersetzung und nicht dazu geeignet, damit dem Tier eine Standpauke zu halten.) „Aus!" heißt es zum Beispiel, wenn sich Ihr Hund gerade anschickt, ein Stück Wurst vom Tisch zu klauen. Oder er zerkaut gerade einen Schuh. Oder er macht sich über den Mülleimer her. Oder er tut sonst irgend etwas, was nun wirklich absolut nicht geht.

Wie stellen wir es an, ihm die Tragweite dieses Wortes begreiflich zu machen? Nun, hier ist ein kleiner Crashkurs angebracht. Denn die Bedeutung von „Aus!" klärt man einmal mit seinem Hund, und zwar so, daß er für alle Zeit Bescheid weiß. Und das geht so:

Lassen Sie das Tier Platz machen. Loben Sie ihn und geben Sie ihm ein Leckerli. Jetzt legen Sie ein zweites Leckerli vor seine Vorderpfoten, lassen Sie es los, bleiben Sie aber mit Ihrer Hand in der Nähe. Sagen Sie „Aus!". Nein, flüstern Sie „Aus!". Aber mit allem Nachdruck und mit aller Strenge, um nicht zu sagen Gehässigkeit, die Ihnen gegeben sind. Er darf das Futter nicht nehmen! Bei einem sensiblen Hund wird Ihr Tonfall schon ausreichen (vorausgesetzt, er ist überzeugend genug), um ihn daran zu hindern. Robustere Charaktere machen sich allerdings nichts aus dem Verbot und schnappen nach dem Leckerchen. Seien Sie vorbereitet, denn jetzt kommt Ihr Einsatz: geben Sie dem Hund einen Klaps vor die Schnauze. Kurz und bündig. Er darf es nicht nehmen und damit basta.

Die Heftigkeit des Klapses ist sorgfältig auf das Temperament Ihres Tieres abzumessen: Bei sensiblen Hunden reicht eine leichte Berührung der Nase, bei robusten Frohnaturen muß es schon ein richtig herzhafter Nasenstüber sein. In jedem Falle muß sie ausreichen, dem Tier deutlich zu machen, daß es das Futter nicht nehmen darf, wenn Sie „Aus!" gesagt haben.

So, jetzt zählen Sie „einundzwanzig, zweiundzwanzig". Ganze zwei Sekunden Selbstbeherrschung reichen für den Anfang. „Nimm´s, ja, nimm´s!" in Ihrem liebenswürdigsten Ton zuzüglich Streichel- und Lobeseinheiten fordern Sie den Hund nun auf, sich das Leckerli zu nehmen. Toll gemacht! Prima! Noch mal! Das Leckerchen diesmal noch ein wenig näher an die Hundeschnauze, zwischen die Vorderpfoten. „Aus!"

Ja, guck mal einer an, er hat es verstanden! Klasse! Einundzwanzig, zweiundzwanzig, dreiundzwanzig, und „Nimm´s! Guter Hund!" (Klappt es nicht, dann waren Ihr Ton und/oder Ihr Klaps nicht deutlich genug. Dann noch einmal!)

Aber bitte, werden Sie nicht lauter, auch hier ist der Erfolg keine Frage der Lautstärke, sondern vielmehr Ihrer inneren Überzeugung, daß Sie sich jetzt und hier durchsetzen wollen. Ein für allemal. Wir wollen diese Übung weder verwässern noch unnötig in die Länge ziehen, also fassen Sie sich ein Herz und werden Sie deutlich!

So, das wäre Gott sei Dank überstanden! Wenn es auch nicht gerade angenehm war, so haben Sie jetzt aber zumindest die Sicherheit, daß Sie Ihr Tier von ganz grobem und gefährlichen Unsinn jederzeit abhalten können. Und der Hund hat ein Gefühl dafür entwickelt, daß „Aus!" außerordentlich ernst gemeint ist. Sehr ernst sogar. Aber auch dafür, daß seine kleine Hundewelt sehr bald wieder in Ordnung kommt, vorausgesetzt, daß er sich an den Befehl hält. Denn er ist von Ihnen für das Gehorchen am Ende ja belohnt worden.

Bedenken Sie bitte: „Aus!" darf nicht gedankenlos und aus Bequemlichkeit inflationiert werden. „Aus!" ist nur für den Notfall da, dann allerdings ernst gemeint. Das heißt, daß es nicht für alle möglichen und unmöglichen Alltagssituationen verbraucht und abgenutzt werden darf. Lassen Sie uns zum besseren Verständnis einige Beispiele durchgehen, wo Tierhalter aus Gedankenlosigkeit und aus alter Gewohnheit einfach so „Aus!" rufen, ohne daß das in dem Moment irgend jemandem, geschweige denn dem Hund, helfen würde. Oder daß es irgendeine Konsequenz hätte, wenn er es ignoriert.

Es kommt jemand zur Tür herein, und das Tier macht Anstalten, an ihm hochzuspringen. „Aus, Max, laß das!" ist jetzt keine große Hilfe, denn Max weiß dann immer noch nicht, wohin mit all seiner Energie. In solch einer Situation wäre es klüger, dem Tier eine Ersatzaufgabe anzubieten ("Max, Sitz!") und deren Ausführung zu belohnen („Guter Hund...").

Sie kommen mit Ihren Einkäufen nach Hause, und Max möchte Ihnen zu gerne dabei helfen, die Einkaufstüten auszupacken. Mal sehen, riecht es da nicht nach Leberwurst?... Ein Gerangel mit dem Tier, von gelegentlichen „Aus!"-Rufen unterbrochen, bringt Sie jetzt beide nicht weiter. „Max, Platz! Warte!" heißt das Zauberwort. „Guter Hund... feines Mäxchen..." und ein eventueller Kauknochen, den Sie ihm vielleicht mitgebracht haben (vielleicht auch nicht, dann halt nächstes Mal...) runden die Sache zur allgemeinen Zufriedenheit ab.

Es ist so ähnlich wie mit Kindern. Es reicht nicht, wenn wir unseren Halbwüchsigen sagen, daß es unser Alptraum ist, sie vor dem Kiosk mit einer Dose Bier in der Rechten und einer Kippe in der Linken herumlungern zu sehen. Nicht einmal dann, wenn wir ihnen einen solchen Lebenswandel und die dazugehörige schlechte Gesellschaft kategorisch verbieten. Wir müssen ihnen „Ersatzaufgaben", d.h. sinnvolle Alternativen anbieten: Sportvereine, Hobbys, interessante und vernünftige Freunde bewirken mehr, als tausend Verbote. „Das verbiete ich dir!" oder im Falle unserer Hunde „Aus!" sollte, wenn es denn noch etwas bewirken soll, nur im absoluten Notfall, dann aber mit dem nötigen Nachdruck ausgesprochen werden.

Die tägliche Körperpflege

Hunde haben sehr unterschiedliche Behaarung. Langes Fell, kurzes Fell, seidig oder harsch, lockig, kraus oder glatt, geschoren, getrimmt oder naturbelassen, mit Rastalocken wie beim ungarischen Hirtenhund oder nur mit einem kleinen Schopf als Zierde, wie beim mexikanischem Nackthund. Es gibt fast nichts, was es nicht gibt. Eine gewisse Pflege brauchen sie jedoch alle. Bei dem einen geht es darum, das lose Haar auszubürsten, beim anderen muß die Haarfrisur in Form gehalten werden, bei wieder anderen ist Vorsicht geboten, daß nichts verfilzt, während Rastalocken zwar verfilzen sollen, aber bitte hübsch gleichmäßig. Nun ja, warum nicht?...

Die tägliche oder doch zumindest möglichst häufige Fellpflege dient aber nicht nur der Schönheit. Sie hat auch noch einen anderen, vielleicht noch wichtigeren Zweck:

Sie wissen bereits (siehe auch Kapitel 16), daß bei einem Hund, der sich von seinen Menschen „gerade jetzt" oder „gerade an dieser oder jener Stelle" nicht anfassen läßt, Vorsicht geboten ist. Solch ein Tier glaubt ganz offensichtlich in der familiären Hierarchie sehr weit oben zu stehen, sonst würde es sich das Anfassen nicht verbitten.

Im Umkehrschluß: Es ist wichtig, den Welpen von vorne herein daran zu gewöhnen, sich jederzeit und überall anfassen zu lassen, um damit beim erwachsenen Hund, der das ja gar nicht anders kennt, fortzufahren. Und was eignet sich dafür besser, als eine ausgiebige tägliche Bürstenkur? Natürlich auch unter dem Bauch, aber hundertprozentig! Inklusive Pfoten- und Ohrenkontrolle, aber klar doch, mein Hund! Nee, ein Entkommen ist völlig ausgeschlossen! Es wird weitergebürstet, also gewöhne dich lieber daran... Na also, es geht doch!...

Nun, man kann darüber diskutieren, ob das tägliche Zähneputzen bei unseren Vierbeinern nötig ist oder nicht. Mancher Hundehalter hält Hundezahncremes (es gibt sie inzwischen in den Geschmacksrichtungen Huhn, Leber, Bouillon...) immer noch für Scherzartikel. Dabei ist die tägliche Mundhygiene aus medizinischer Sicht nur vernünftig. Denn viele Hunde neigen zu Zahnstein und Zahnbelag, und diesen Tieren würde die Mundpflege ganz sicher guttun.

Aber eines ist sicher: Ich kenne keinen einzigen Hund mit Aggressionsproblemen, der sich von seinem Besitzer täglich die Zähne putzen läßt. Denn das ungenierte Herumfuhrwerken in Bellos Maul ist eine so aufdringliche und deutliche Dominanzgeste seitens des Besitzers, daß die Tiere auch daraus haarscharf ihre untergeordnete Stellung in der Rangordnung folgern können.

Um es prägnanter auszudrücken: Wenn es Ihnen gelingt, Ihren Hund daran zu gewöhnen, daß er sich die Zähne putzen läßt, dann können Sie guten Gewissens davon ausgehen, daß er zumindest Sie niemals beißen wird.

Das Zähneputzen fangen Sie am besten gleich nach dem Zahnwechsel beim sechs oder sieben Monate alten Hund an, denn während des Zahnwechsels ist das Zahnfleisch oft wund und empfindlich. Sie sollten aber schon vorher das Hundemaul mit den Fingern abtasten und untersuchen, quasi als Einstimmung auf das künftige Zähneputzen.

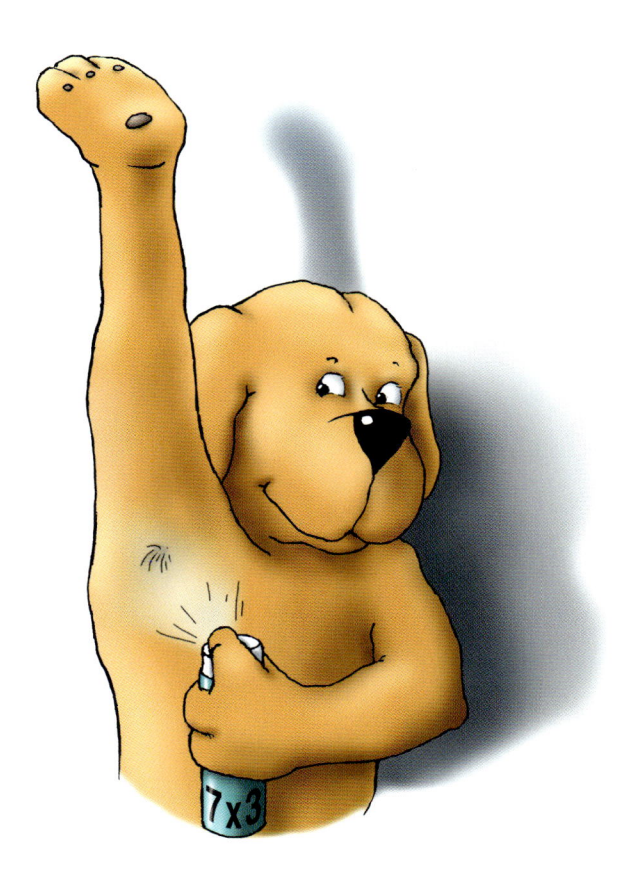

In unserer Welpenschule haben wir eine sehr beliebte und nützliche Übung etabliert: das sogenannte Tierarztspiel (nein, keine Doktorspielchen, das war etwas anderes). Dabei legen die Hundehalter ihre Hunde auf den Rücken, halten sie fest und lassen sie erst auf das Kommando „Steh!" hin wieder aufstehen. Dabei geht es nicht darum, dem Tier gut zuzureden oder gar abzuwarten, bis es sich eventuell in der Stimmung befindet, sich hinzulegen. Weit gefehlt! Der Besitzer legt seinen Hund ohne viel Federlesens selbst auf den Rücken, was bei einem Welpen eigentlich kein Problem sein sollte. Dann wird der Hund, wenn er willig und entspannt ist, am Bauch gekrault und gelobt. Wenn er hingegen unwillig ist oder sich wehrt, wird er so lange festgehalten, bis er seinen Widerstand aufgibt. Man merkt dann, daß die ganze Muskulatur weicher wird und das Tier akzeptiert, festgehalten zu werden. Es wird dafür mit Streicheln und guten Worten ausgiebig belohnt, richtig verwöhnt und darf schließlich (auf Kommando und nicht etwa von sich aus) aufstehen. Die Tiere werden, wenn sie liegen, überall „untersucht": zwischen den Zehen, im Maul, in den Ohren.

Dieses „Tierarztspiel" wird, gerade bei dominant veranlagten Tieren, zu Hause fast täglich und zwar ein ganzes Hundeleben lang geübt, so daß der Hund es, wenn er älter wird, gar nicht anders kennt, als daß ihn seine Menschen jederzeit überall anfassen können. Er hat aber auch gelernt, daß das nichts Schlimmes oder Bedrohliches ist. Im Gegenteil! Denn schließlich wird dabei viel geschmust, gelobt und gekrault, vorausgesetzt, daß das Tier willig, entspannt und diszipliniert mitmacht. Natürlich erleichtert dies das Leben ungemein, besonders wenn man an die vielen, im Grunde genommen bedauernswerten Tiere denkt, deren Besitzer nicht einmal in der Lage sind, ihnen bei Bedarf täglich eine Ohrensalbe zu verabreichen... Und außerdem, wie schon gesagt, rückt diese Maßnahme die Rangordnung auf eine angenehme Art (denn Bauch-Kraulen ist ja nichts Unangenehmes) wieder ein Stück in die richtige Richtung.

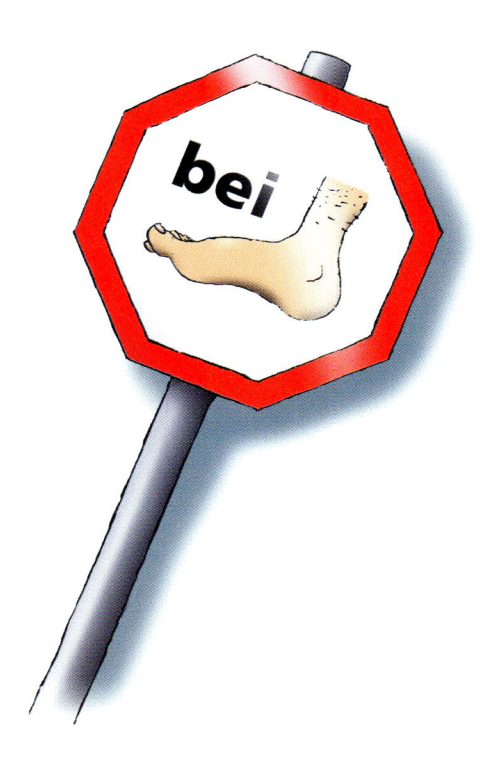

„Bei Fuß!": der absolute Ernstfall

Wir bemühen uns mit allen Mitteln, für unseren Hund attraktiv und der Nabel der Welt zu sein: Wir haben Futter dabei, wir haben dem Tier durch allerlei Spiel- und Streicheleinheiten beigebracht, daß das Herankommen stets eine lohnende Angelegenheit ist. Wir würdigen jeden Erfolg gebührend, indem wir spitze Schreie ausstoßen, auf- und abhüpfen und was uns sonst noch an Freudenbekundungen gegeben ist. Wir lassen selbst spöttische Blicke eventueller Zuschauer ob dieses Schauspiels („Dreht der Meyer jetzt durch? Der war doch sonst ganz normal...") gelassen über uns ergehen, denn wir wissen, daß all das gut und nötig ist, wenn wir nicht wollen, daß unser Hundetier beim Befehl „Komm her!" beide

Ohren zuklappt. Wie es übrigens die Tiere besagter Zuschauer meistenteils tun.

Und dennoch müssen wir feststellen, daß häufig ein einziges Kaninchen ausreicht, um uns an Attraktivität den Rang abzulaufen. Was jetzt?!... Zumal besagtes Kaninchen mit unserem Hund im Schlepptau direkt auf die Bundesstraße zugaloppiert...

Nun, um solche Situationen vermeiden zu können, müssen wir mit unserem Vierbeiner „Bei Fuß!" üben. Sie haben richtig bemerkt: Das Kommando „Bei Fuß!", oder abgekürzt „Fuß!" hatten wir schon. Fangen wir jetzt etwa an, für zwei verschiedene Vorgänge das gleiche Signalwort zu benutzen? Nein. Denn „Fuß!" heißt in beiden Fällen: „Mein Platz ist neben meinem Herrn. Verweigere ich, hat das Konsequenzen, und die sind nicht angenehm." Das Wort „Fuß!" ist dabei bewußt so gewählt, daß es durch den Zischlaut auch auf größeren Entfernungen gut zu hören ist, ohne daß man schreien müßte.

Wie gehen wir nun vor? Wir brauchen eine Zwanzigmeterleine, einen Schlüsselbund, drei Wochen Zeit und jede Menge Leckerlis. Unser Hund ist jetzt bereits etliche Wochen bei uns und kennt die Befehle „Komm her!", „Lauf!", „Sitz!", „Platz!", „Warte!", und „Aus!" aus dem Effeff.

Der Unterricht kann also beginnen. Wir gehen mit dem Hund auf die grüne Wiese und zwar zu einer Zeit, in der wir mit ihm allein und ungestört sein können. Nachdem er sich einigermaßen ausgetobt hat, machen wir ihn an der Zwanzigmeterleine fest. Die übrigens auch einfach eine Nylonschnur aus dem Baumarkt mit Karabinerhaken am Ende sein kann, da wir sie eh nur für ganze zwei-drei Wochen, also für die Zeit dieser Unterrichtseinheit, brauchen werden.

Wir lassen den Hund also ein wenig vorlaufen und rufen ihn dann mit dem Hörzeichen „Max, komm her! Bei Fuß!". Wenn er kommt, prima. Wenn nicht, dann ziehen wir ihn an der Leine kommentarlos zu uns heran und belohnen ihn, wenn er bei uns ist. Feiner Hund, braver Hund, Leckerli und Kraulen... Von Mal zu Mal lassen wir mehr Leine nach, damit Max begreift: Auch auf eine größere Entfernung gibt es kein Entkommen, er wird einfach herangeholt. Wir lassen uns für diesen Teil der Übung zwei-drei Tage Zeit, bis wir sicher sind, daß er verstanden hat:

1. was das Hörzeichen „Bei Fuß!" überhaupt bedeutet,

2. daß es keine Möglichkeit des Entkommens gibt, auch nicht auf zwanzig Meter Entfernung

3. und daß er stets belohnt wird, wenn er gehorcht.

Erst dann (und nur dann!) geht es weiter. Da wir wissen, daß es für unseren Hund lebenswichtig sein kann, in manchen Fällen, z.B. vor Straßen kehrtzumachen, müssen wir ihm beibringen, daß dieser Befehl den absoluten Ernstfall bedeutet und daß ein Verweigern unangenehme Konsequenzen nach sich zieht. Wir wissen auch, daß für unser Hundetier ein verzweifelt rufendes, herumfuchtelndes, womöglich noch hinterherspringendes Frauchen keine unangenehme Konsequenz ist, sondern lustig. Wir sind jedoch wild entschlossen, jegliches Verweigern äußerst unlustig zu gestalten. Deshalb werden wir weder schreien noch fuchteln und schon überhaupt nicht hinterhergaloppieren. Sondern wir bringen ihm bei, daß „Fuß!" sofortige Kehrtwendung heißt mit unverzüglichem Erscheinen beim Chef.

Er ist also an der Zwanzigmeterleine. Wir legen die Leine aus der Hand und lassen den Hund etwas vorlaufen. Wenn ihn gerade etwas besonders interessiert und er freudig davonmarschieren will, rufen wir leise „Fusssss!". Der Zischlaut ist für einen Hund auch auf größere Entfernungen gut zu hören, so daß es unnötig ist, lauter zu werden. Sollte er jetzt nicht sofort kehrtmachen, treten wir einfach ohne weiteres Kommentar auf das Ende der Leine, nehmen sie schnell hoch und rennen in die entgegengesetzte Richtung.

Dadurch passiert zweierlei: Zunächst erfolgt für den Hund ein Leinenruck und damit eine unangenehme Konsequenz. Unser Davonlaufen veranlaßt ihn aber gleichzeitig, uns zu folgen, was ja schon wieder etwas Angenehmes ist. Wenn er uns eingeholt hat, bekommt er seine Belohnungseinheiten. All dies ergibt für ihn etwa folgendes: „Wenn ich Ssss! höre, ist es klüger, gleich zu gehorchen, denn sonst ruckt es so ekelig am Hals. Aber bei Frauchen/Herrchen bin ich davor sicher. Also nix wie hin!" Hat das Tier dieses Prinzip durchschaut, ist der Rest reine Übungssache. Vorsicht: Immer zuerst mit dem Fuß auf die Leine treten, man kann sich sonst an den Händen Verletzungen zuziehen!

Es gibt bei unseren Tieren auch eine andere Variante der Dickfälligkeit. Nämlich, wenn sie gelassen in der Gegend herumschnüffeln und die Ohren dabei auf Durchzug stellen. Sie rennen zwar nicht weg, kommen dafür aber auch nicht her. Sie ignorieren uns einfach. Und das womöglich auf ganze zwei Meter Entfernung. „Herrchen, nimm´s nicht persönlich, aber du kommst mir jetzt wirklich ungelegen. Du siehst doch, daß ich beschäftigt bin..."

In solch einem Fall müssen wir als erstes dringend überprüfen, ob wir für unser Tier in letzter Zeit vielleicht etwas langweilig geworden sind. Wenn wir jedoch guten Gewissens sagen können, daß wir uns um unsere Attraktivität bemüht haben, wenn es sich hier also eher um ein Disziplinproblem unseres Hundes handelt, dann greifen wir durch.

Wir fangen nicht etwa an, mehrmals oder lauter zu rufen. Ein leises „Fusss!" sollte reichen. Reicht es nicht, dann fliegt dem Hund leider ein Schlüsselbund ins Kreuz. Theoretisch. Praktisch weniger, denn wir treffen ja meistens eh nicht. (Oder ist das nur bei mir so?) Das ist aber auch nicht nötig. Das Geräusch, das solch ein „Geschoß" beim Aufprall in der Nähe des Tieres verursacht, empfindet unser Hund als ausgesprochen unangenehm. Das reicht schon, damit er sich verdutzt umguckt und sich spätestens jetzt auf das leise Stichwort „Fuß!" hin (Junge, „Fuß" heißt die Lösung deines Problems!...) zu uns begibt. Wo er natürlich wieder einmal gebührend in Empfang genommen wird. Guter Hund, braver Hund, prima!...

Wichtig ist dabei folgendes: Lassen Sie das Tier nicht merken, daß Sie mit dem Schlüsselbund auch nur irgend etwas zu tun haben. Gerade im Gegenteil: Sie sind der Fixpunkt, die Fluchtburg, ein Ort der Sicherheit und Geborgenheit. Garantiert schlüsselbundfrei!

Aus alledem wird Ihr Tier folgern: „Wenn man „Fuß!" hört und nicht sofort gehorcht, fliegen einem diese Dinger um die Ohren. Sie können einem weh tun, wenn sie einen treffen, aber in jedem Falle machen sie ein widerliches Geräusch. Gut, daß Frauchen da ist, bei ihr ist man davor in Sicherheit..." Diese Variante der menschlichen Tücke (na ja, ein bißchen hinterhältig ist das Ganze schon...) ist wieder eine Form der anonymen Bestrafung. Sie hat den Zweck, daß das Tier sich mit dem, was es tut, quasi selbst bestraft (siehe auch Kapitel

25), während wir uns vorbehalten, die „rettende Insel in der Not" zu sein. Eine wunderbare Rolle für einen Tierbesitzer!

Spätestens an dieser Stelle möchte ich auf eines hinweisen: Sollten Sie Handballer und besonders treffsicher, sollte Ihr Hund ein Yorkshireterrier von zwei Pfund Gesamtgewicht und sollte Ihr Schlüsselbund mit riesigen antiken Schlüsseln ausgestattet sein, dann wäre es selbstverständlich nicht ganz so zweckmäßig, ihn damit zu bewerfen. Die Dinge müssen schon ein wenig aufeinander abgestimmt sein. Aber ich kann Ihnen guten Gewissens versichern, daß kein normalgroßer Hund im Pubertätsalter einen Schaden nimmt, falls ihn einmal ein Schlüsselbund (bestehend etwa aus einem Auto-, einem Wohnungs- und einem Briefkastenschlüssel) am Hinterteil treffen sollte.

Wir üben also jetzt einige Tage lang folgendes: Hund an der Zwanzigmeterleine (sicher ist sicher...) und wenn er am schönsten stöbert – „Fuß!!". Kommt er nicht augenblicklich, fliegt der Schlüsselbund und unser Hund wird herangeholt. Loben nicht vergessen, wenn er bei Fuß ist! Das Ganze üben wir nun auf immer größere Entfernung, aber noch stets an der Zwanzigmeterleine. Nach zwei-drei Tagen fangen wir dann an, dieselbe Prozedur ohne Leine durchzuführen, dafür aber wieder auf ganz kurze Entfernungen, die wir nur allmählich vergrößern. In dieser Übungsphase müssen wir nämlich noch die Möglichkeit haben, unsere Erziehungshilfe Schlüsselbund wirksam, d. h. notfalls sogar schmerzhaft, einzusetzen. Ich sagte bereits: Wir sind wild entschlossen unserem Hundetier, koste es was es wolle, klarzumachen, daß gerade dieser Befehl nicht verweigert wird. Niemals nicht! Denn wir wissen, daß es dabei später um sein Leben gehen kann.

Ihr beherztes und exakt getimtes Handeln vorausgesetzt, wird ein zwischen den Zähnen gezischtes „Ssssss!!" als Abkürzung des Befehls „bei Fuß!" und ein leises Klirren mit dem Schlüsselbund Ihren Hund veranlassen, sich augenblicklich zu Ihnen zu begeben. Ihr Hund hat jetzt so oft die Erfahrung gemacht, daß ein Verweigern „zwiebelt", er es bei Ihnen jedoch sehr gut hat, daß das Ganze nun auch auf weite Entfernungen klappen sollte.

Einem klirrenden Schlüsselbund wird eine, für unsere menschlichen Ohren unhörbare, Ultraschallkomponente nachgesagt, die Hunde auch auf sehr große Entfernungen wahrnehmen können. Ob nun Ultraschall oder nicht, sicher ist, daß die Sache funktioniert. Sie werden Ihren Hund mit diesem „Hausmittel" (denn einen Schlüsselbund hat man praktischerweise so gut wie immer dabei) selbst dann noch sicher zurückordern können, wenn er bereits die Fährte von „lecker" Kaninchen verfolgt. Allerdings nur, wenn Sie dieses Training sehr konsequent, diszipliniert und sozusagen „zu allem entschlossen" durchgeführt haben.

Es empfiehlt sich, die Übung auch später, wenn der Hund schon prinzipiell gut gehorcht, von Zeit zu Zeit zu wiederholen und zwar gleich zu Anfang eines größeren Spazierganges. Damit können Sie von vorne herein klarstellen, wie Sie sich die kommenden Stunden vorstellen. Nämlich, daß „Fuß!" heißt: kehrtmachen und kommen und das sofort und sogar auf kaninchenreichem Terrain. Weil sonst ja die Schlüsselbunde fliegen. Leider.

Wenn Ihnen diese Art von „Drill" zu autoritär, zu hart und zu militärisch erscheint, dann bedenken Sie bitte, daß Sie einem gut erzogenen Hund, der einige wenige Kommandos zuverlässig befolgt, einen wesentlich größeren

Freiraum gewähren können als einem kleinen Chaoten, der nix kann, der nicht hört und dessen Freiheit daher zwangsweise dort aufhören muß, wo die Flexileine endet.

Sie werden damit die breite Masse der Hundehalter, die quer über die Wiesen brüllen müssen (und das mit zornesrotem Kopf ob des mäßigen Erfolges), endgültig hinter sich lassen.

Am Anfang des Buches habe ich Ihnen versprochen, daß Sie keine selbstaufrollenden Leinenapparaturen und sonstigen „Gehhilfen" für Ihren Hund brauchen werden. Daß er entweder manierlich an der kurzen Leine oder aber frei laufen wird. Und wiederkommt, wenn Sie ihn rufen. Nun, jetzt wären wir soweit. Zeigen Sie der Welt, daß das geht! Packen Sie´s an!

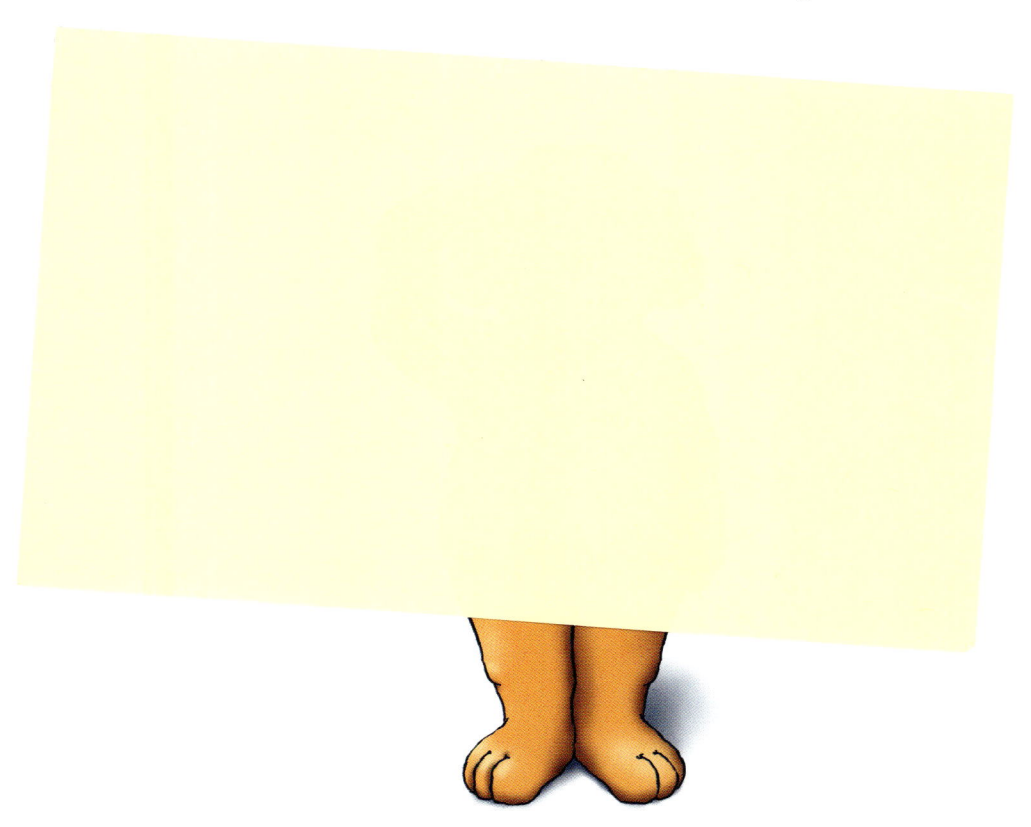

„Gib Laut!", „Flüster!" und „Still!"

Von ganz wenigen Rassen einmal abgesehen: Jeder Hund kann bellen. Manche können es viel zu gut! Wozu also Ihrem Tier beibringen, auf Befehl loszukläffen?

Nun, gerade bei den Tieren mit einem sogenannten losen Hals, also auf gut Deutsch bei den Kläffern, ist eine Verhaltensweise, die wir selbst in Gang bringen können, auch leichter abzustellen. Erst wenn wir uns mit unserem Hund darauf geeinigt haben, was „Gib Laut!" heißt, können wir mit ihm darüber verhandeln, was „Still!" bedeutet. Sonst hätten wir nämlich die Situation, daß wir, wenn er kläfft, „Aus!" rufen müßten. Aber: „Aus!" und was dann? Welches Alternativverhalten bieten wir dem Tier an: Sitz? Oder Platz? Er wird es tun. Er wird sich hinsetzen oder hinlegen. Und weiterkläffen. Denn das Bellen geht ja auch im Sitzen oder im Liegen. Die Verhaltensweisen schließen sich für das Tier nicht aus, nicht wahr? Deshalb müssen wir einen Modus finden, ihm begreiflich zu machen, daß wir von ihm das Einstellen des Kläffens erwarten. Und das geht über den kleinen Umweg, daß wir ihm zunächst einmal beibringen, auf Befehl Laut zu geben. Das hört sich im ersten Augenblick etwas überraschend an, aber es hat durchaus seinen Sinn.

Nehmen Sie also ein Leckerchen und lassen Sie Ihren Hund absitzen. Er macht auch brav „Sitz" und denkt natürlich, daß ihm das Futter, das Sie ihm vor die Nase halten, jetzt eigentlich zusteht. Sie geben es ihm aber nicht, sondern sagen ihm mehrmals hintereinander (das ist jetzt eine Ausnahmeübung, Sie merken es schon…) „Gib Laut! Gib Laut!". Machen Sie das Tier damit richtig nervös. Irgendwann wird er bellen und bekommt sofort sein Leckerli. Falls er nicht versteht, was er tun soll, bitten Sie einen Komplizen, an die Haustür zu gehen und mehrmals hintereinander zu klingeln. Wenn Sie jetzt die Türklingel, das Hörzeichen „Gib Laut!" und die anschließende Belohnung miteinander verbinden, dürfte es für Ihren (sitzenden!! Wir rasen nicht zur Haustür, wir bleiben schön sitzen!) Hund nicht weiter schwierig sein, auf Kommando loszukläffen. Wenn Sie das ein paarmal üben, wird nach wenigen Tagen bereits das einmal gegebene Signalwort „Gib Laut!" ausreichen, um das Tier zum Bellen zu bringen.

So, jetzt wollen wir die Übung verfeinern und das „Flüstern" üben. Wir machen wieder Sitz, das Tier hat das Leckerchen vor der Nase, und Sie sagen ihm leise und einschmeichelnd „Flüster!". Der Hund wird früher oder später versuchen, es Ihnen mit Lautgeben rechtzumachen („hat doch bisher immer geklappt…"), aber Sie wiederholen ganz leise „Nein! Flüster!" Irgendwann wird Ihr geplagtes Hundetier jedenfalls anfangen leise zu wimmern, einfach, um Sie zu fragen „Ja, was soll ich denn noch tun, Herrchen?…". Großartig! Leckerchen geben. Einige Tage lang üben, um das Ganze zu festigen.

Wenn der Hund schon auf Kommando Laut gibt und „flüstert" wie ein Weltmeister, kommt die dritte Übungsstufe:

Herrchen: „Max, Sitz! Guter Hund…Gib Laut!"
Max: *Kläff, kläff"* (Er bekommt **kein** Leckerli!)
Herrchen: „Still!" und gibt dem Hund das Futter.
Max: *Mampf, mampf…"*

Sie haben gemerkt: Max kann nicht kläffen und Leckerlis vertilgen zugleich. Also ist er still. So, ab jetzt bekommt er seine Leckerchen grundsätzlich nicht mehr für erfolgreiches Kläffen oder Flüstern, sondern für das Stillsein auf Kommando. Bis er endgültig verstanden hat, was der Befehl „Still!" bedeutet.

Warum nicht mit den Wölfen heulen?...

Sie haben bestimmt schon von Verhaltensforschern und Wolfskennern gehört, die mit ihrem Rudel gemeinsam heulen können. Bewundern Sie diese Leute auch so wie ich? Ist das nicht ungemein beeindruckend? Na, dann wollen wir einmal sehen, ob Sie das nicht auch können. Zumindest mit Ihrem eigenen Hauswolf.

Dazu ist es wichtig zu wissen, daß das Heulen bei Wölfen und bei Hunden, so schauerlich es auch klingen mag, alles andere als ein Zeichen für Unmut, Kummer oder gar von Schmerzen ist. Im Gegenteil! (siehe auch Kapitel 16) Es handelt sich dabei um ein Kommunikatiosmittel auf große Entfernungen. Es bietet dem einzelnen Wolf die Möglichkeit, seinem Rudel z.B. folgendes mitzuteilen:

„Hallo, hier ist der Große Graue. Seid ihr noch alle da? Ich befinde mich gerade am Termitenhügel südwestlich der Krummen Eiche. Habe Hirschkuh gesichtet, war für mich allein aber zu groß. Bitte um Rückmeldung." Darauf antwortet das Rudel ebenfalls heulend sinngemäß: „Großer Grauer, wir hören dich. Hier ist alles OK, wir warten auf dich." Na ja, oder so ähnlich jedenfalls. Das Chorheulen ist also eine akustische Bestätigung der Zusammengehörigkeit der Rudelmitglieder, was für die Teilnehmer natürlich angenehm und gut ist.

Also, wir wollen es auf einen Versuch ankommen lassen. Sie bringen Ihren Hauswolf zum Absitzen und Flüstern. Sobald er dies tut, versuchen Sie, seine Laute und besonders die Tonlage zu imitieren. Er wird es mit weiteren leisen Jaultönen beantworten, die Sie ebenfalls nachmachen usw. Auf diese Weise entsteht ein herrlicher Dialog. Einer macht den anderen nach, und das ist für sich schon ein Riesenspaß. Und vor allem: Es verbindet.

Jetzt versuchen Sie, die Tonlage ganz behutsam zu erhöhen. Der Hund wird Ihnen folgen. Versuchen Sie sich vorzustellen, wie eine Polizeisirene klingt, da wollen Sie mit der Tonhöhe nämlich hin. Ungefähr jedenfalls. Nehmen Sie sich Zeit. Es muß nicht sofort klappen, man kann sich mit seinem Hund ja auch nur so mal unterhalten. Aber wenn Sie einen bestimmten Ton treffen, passiert plötzlich folgendes: Der Hund wirft den Kopf in den Nacken und heult. Heulen Sie mit! Antworten Sie ihm! Und seien Sie sicher, Sie waren dieser kleinen Hundeseele noch nie so nah!...

129

Schlußwort

Es ist wieder einmal zwei Uhr nachts. Es war ein ziemlich anstrengender Praxistag und seit neun sitze ich wieder einmal vor dem Computer, wie fast jede Nacht in den letzten Wochen. Ich bin hundemüde. Ganz anders als unsere Jule, die zu meinen Füßen zusammengekringelt den Schlaf der Gerechten schläft. Aber trotz aller Müdigkeit: Es hat Spaß gemacht!

Ich habe diese Seiten gerne geschrieben, weil ich hoffe, daß es mir durch sie vielleicht gelungen ist, einige der klassischen und so schrecklich überflüssigen Mißverständnisse zwischen Hunden und ihren Menschen aufzuklären.

Wenn nur ein Kind weniger gebissen wird, hat es sich gelohnt... Wenn in Zukunft nur ein paar Hunde zufriedener und glücklicher mit ihren Familien leben können, war dieses Buch nicht umsonst...

Ich werde jetzt mit Jule eine Runde durch den nächtlichen Kurpark drehen und, während sie die Kaninchen gewissenhaft nachzählt, davon träumen, wie schön es doch wäre, wenn alle Menschen ihre Hunde wirklich verstehen würden. Wenn sie Spaß miteinander hätten. Wenn sie richtig dicke Freunde wären... Und hoffen, von ganzem Herzen hoffen, mit diesen Zeilen dazu beigetragen zu haben.

Ihre

Telinia Uly

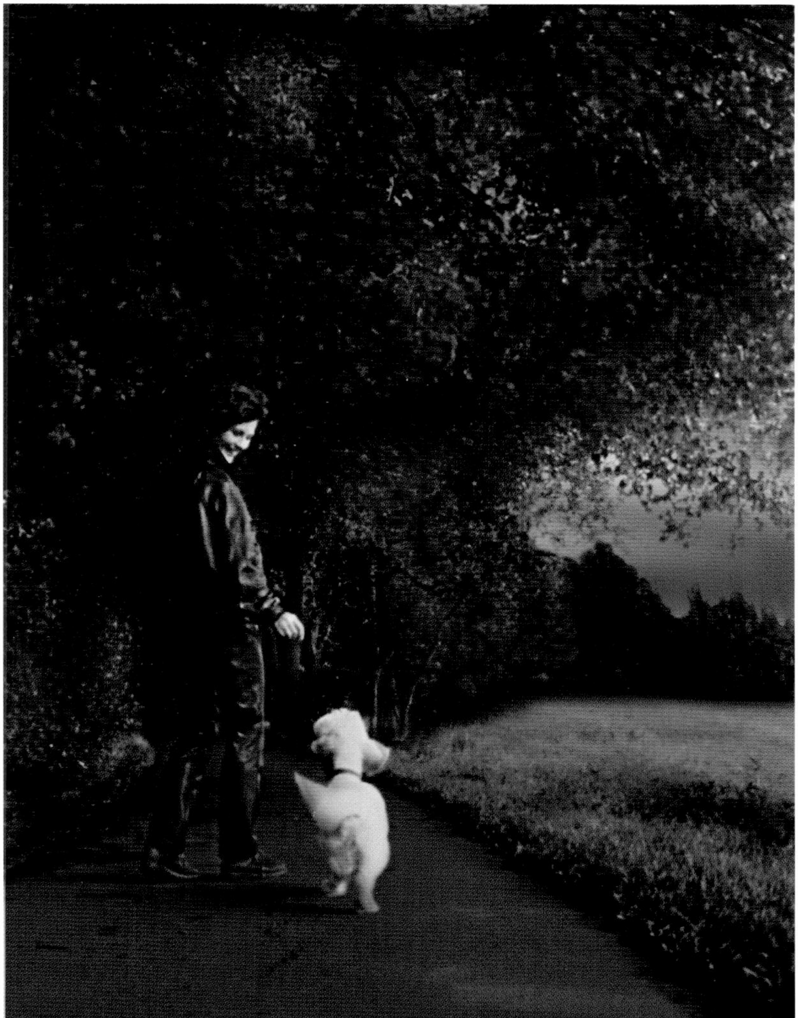

Danksagung

Ich danke allen, ohne die dieses Buch nicht hätte geschrieben werden können. ✽ László Rend, dem Zoodirektor meiner Geburtsstadt. Er zeigte mir, als ich zehn Jahre alt war, einen Wurf ganz kleiner Wolfswelpen, drückte mir eine Nuckelflasche in die Hand und sagte: „Sie haben keine Mutter. Du kümmerst dich doch um sie?..." Damit fing alles an. ✽ Prof. Dr. Endre Róbert. Er saß mit mir, oft stundenlang, still irgendwo draußen. Es waren die ersten verhaltenskundlichen Lektionen meines Lebens. ✽ Zsuzska, Rex I., Nicki, Rex II., Phillipp, Yiba, Jojo und Jule, meinen eigenen Wölfen und Hunden im Laufe der Jahre und Jahrzehnte. ✽ Meinen vielen Hundepatienten. Sie haben mich gelehrt, welche Probleme ein Familienhund unter uns Menschen haben kann. ✽ Den Hundehaltern, die mir vertrauensvoll über ihre Sorgen, aber auch über freudige und lustige Erlebnisse mit ihren Vierbeinern berichteten. ✽ Den Absolventen unserer Welpenschule. Ich habe viel von ihnen gelernt. ✽ Meinen Kindern Christoph, Rebecca und Ruben. Sie sind wunderbare, aufrechte, selbständige Menschen. Dadurch wird Schreiben erst möglich. ✽ Peter für tausend Tassen Cappuccino. ✽ Ulli, dem besten Kindermädchen aller Zeiten. ✽ Meinen Mitarbeiterinnen Sandra, Birgit, Kerstin und unserem „guten Geist" Misi Felix. ✽ Und Dr. Diethmar Albrecht. Er hat meine kleinen und größeren Projekte stets unterstützt.

Register

Abgabe ins Tierheim 105
Ableinen 112
Abrufen aus
der Warteposition 99
Abschiedsszenen 107
Abschwächung eines Verhaltens ..81
Abstammung 16
Aggressionsmimik 45
Aggressivität 26, 68, 105
Ahnentafel 24
Aktivitäten, gemeinsame 52
Aktivitätsschübe, nächtliche 67
Alarmanlage 41
Allein bleiben 107
Alltagsgestaltung 36
alpha-Tier 49
Alternativverhalten 127
Alterskrankheiten 19
Angriff 88
Angst 26, 73, 78, 79, 88
Angst vor dem eigenen Hund 87
Angstbeißer 26
Angstmimik 45

Anknurren 50
Anlage zum Angstbeißer 27
anschlagen 41
Attacken gegen
Familienangehörige 87
Aufbewahrungsanstalt 67
Aufreiten 52
Aufzucht 25
Aufzuchtbedingungen 30
Augen 99
Augengruß 47
Augenkontakt 97
Aus! 82, 97, 113, 121
Ausbüxen 19, 102
Ausdrucksweise 44
Auswürgen von Futter 57
Autorität 50

Babyfell 18
Baby-Impfung 21
Ball 33, 102
Bauch-Kraulen 119
Begrüßungszeremoniell 78

Behaarung 117
Behandlung 80
Behandlungstisch 79
bei Fuß! 111, 120
Beinah-Mensch 48
Beißen 50
Beißhemmung 55
bellen 41
Belohnung 79, 80, 122, 127
Belohnung erwünschter
Verhaltensweisen 83
Belohnung, gezielte 83
Beschädigungskämpfe 53
Beschäftigung, sinnvolle 106
Beschützerinstinkt 28
Beschwichtigungsgeste 72, 78
Beschwichtigungsverhalten ...45, 50
Bestrafung, anonyme 84, 123
Bestrafung, nachträgliche 77
Bestrafung, persönliche 83
Bestrafung, zeitlich verzögerte 83
Beute 56
Beziehungsaufbau 105

133

Bißverletzung 50
Bißverletzungen,
vorprogrammierte 65
Blickkontakt 99
Blindenführhunde 29
Blumenbeet 84
Box 33, 37, 66, 78, 107
Briefträger 41
Büffelhautknochen 106

Charakter, individueller 48
Chorheulen 53, 128
Cliquenwirtschaft im Wolfsrudel 50

Decibel 97
Deckakt 52
Decken 19
Deckgebühren 23
Depressionen 19
Deprivationssyndrom 68
Dialog 128
Dickfälligkeit 122
Disziplin 92
Disziplinproblem 122
Dog-Sitting-Gemeinschaft 75
Dominanz 45
Dominanzgeste 52
Dominanzhierarchie 17
Dominanzproblem 52
Draufgänger 28
Dressuranleitung 59
Drill 124
Drohen 50
Drohgebärden 72
Drohverhalten 45, 85
Durchfall 37
Dusche 56

Ehebett 65
Eigentum 50, 65, 105
Eileiter 18
Einbrecher 41

Einschläfern 105
Erbkrankheiten 24
Erfahrungen, frühkindliche 27
Erfolg, unmittelbarer 60, 62
Ersatzaufgabe 115
Ersatzmensch 48
Ersatzwelpen 17
Erziehung, antiautoritäre 42
Erziehungshilfe 124
Erziehungskonzept 38

Familie als Rudel 49, 65
Familienhierarchie 41
Familienmitglied 48
Feindbild, äußeres 47
Fellpflege 117
Fernsehsessel 65
Fertigfutter 59
Fixpunkt der Sicherheit 85, 122
Fleischfresser 58
Fleischfütterung 59
Flexileine 125
Flirten 46
Flüster! 126
Folgetrieb 37, 56, 102
Freiraum 125
Fremde 70
Freßunlust 19
Frustration 19
Führungsposition 43, 50
Fuß! 111
Futter als Eigentum 105
Futternapf 33
Futterrangordnung 50, 105
Fütterung aus der Hand 33, 104
Fütterung, optimale 104

Gartenschlauch 85
Gassi gehen 37
Gebärmutter 18
Gebärmutterentzündung 18
Gebißfehler 21, 24

Gebißkontrolle 79
Gebräuche im Wolfsrudel 49
Gebrüll 82
Gehege 45
Gehhilfen 109
Gehorsam 17, 102
Gekläff 42
Gelenkprobleme 24
Geräusche 25
Geruchssinn 99
Geruchstarnung 56
Gesäuge 17, 23
Gesäugetumore 18
Geschwülste der Analgegend 19
Gesichtbelecken 54
Gesichtssinn 99
Gesundheitsvorsorge 17
Gewichtszunahme 18
Gewissen 77
Gib Laut! 126
Gruppenbildung 47
Gruppenmerkmale 47

Haare im Augenbereich 99
Haarverlust, chronischer 18
Halbstarke 54
Hals, loser 42, 126
Halsband 32
Haltungsbedingungen 42
Haltungsform, isolierte 68
Händebelecken 54
handscheu 27
Handzeichen 91
Harnabsatz 54
Harninkontinenz 18
Haustierarzt 15, 19
Haustür 127
HD-Röntgen 22
Herankommen 120
Herankommen auf Befehl 103
Herzfehler 20
Herzmißbildungen 24

Heulen ...53, 128	Jaultöne ...128	Kräftemessen ...85, 111
Hierarchie im Wolfsrudel ...50	Junghund ...31	Kräfteverhältnisse, verschobene ...74
Hoden ...21		Krankheiten, aufzuchtbedingte ...24
Hörkontakt ...65	Kalorien ...18	Krankheiten, hirnfunktionelle ...87
Hormone, männliche ...54	Kalorien, verschenkte ...104	
Hormonspritzen ...17	Kalzium ...59	Lächeln ...46
Hörzeichen ...121, 127	Kamerad, gleichberechtigter ...39	Lärm ...25, 70
Hundeausstellungen ...22	Kämpfer ...42	Lauf! ...112, 121
Hundeblick ...99	Kaninchenkot ...59	Läufigkeit ...17
Hundebox ...33	Karriereleiter ...52	Läufigkeitsverhütung ...17
Hundebürste ...33	Kastration ...17, 19	Laufställchen ...33, 37
Hundedecke ...33	Kaufzusage ...21	Lautgeben ...127
Hundegroßhändler ...23	Kauknochen ...33, 50, 67, 106	Lautstärke ...97, 113, 115
Hundehändler ...21, 26	Kehle ...112	Leckerli ...90
Hundekorb ...51	Kette, logische ...78	Leine ...32, 56, 109
Hundekrankheiten ...24	Kettenleine ...109	Leine, geistige ...99
Hundeliebe ...102	Kindchenschema ...47	Leine, unsichtbare ...99
Hundeplatz ...75	Kinderzimmer ...64	Leinenführigkeit ...37, 109
Hundequartier ...64	Kläffer ...42, 126	Leinenruck ...111, 122
Hunderassen ...14	Kläfforgien ...107	Leitwolf ...49, 59
Hundeseele ...128	Klaps ...82	Leitwölfin ...59
Hundeshampoo ...56	Klirren mit dem Schlüsselbund ...124	Lernen ...25
Hundezahncremes ...117	Knurren ...50	Lernfähigkeit ...44
Hundezwinger ...68	Komm her! ...100, 121	Lernverhalten ...60
Hündin ...17	Kommando ...92, 124	Liegeplatz ...51, 65
Hunger, ständiger ...56	Kommunikation mit dem Hund ...44, 96, 99	Literatur, verhaltenskundliche ...45
		Lob ...80
Immunsystem ...75	Kommunikation, nonverbale ...44	Löschung eines Verhaltens ...81
Impfpass ...21, 24	Kommunikation, ungehinderte ...74	loser Hals ...42, 126
Impfschutz ...75	Kommunikationsmittel ...128	
Impftermin ...79	Kompetenz, soziale ...74	Mageninhalt ...57
Impfung ...23, 30, 75	Komplize ...127	Mahlzeiten ...104
Imponierverhalten ...45, 52, 72, 85	Konfrontation ...85	Malheur ...76
Impuls ...83	Konsequenz, unangenehme ...121	Markierungsverhalten ...52
Individualdistanz ...65	Konzentration ...92, 99	Massenzüchter ...21, 26
Insignien der alpha-Stellung ...50	Körperhaltung ...44	Mausefalle ...85
Isolation ...68	Körperkontakt ...65	Mendelsche Gesetze ...16
Ist-Zustand ...79	Körperkraft ...86	Menschenaffen ...47
	Körperpflege ...117	Milchzähne ...55
Jagdtechnik ...56	Körpersprache ...44, 91, 111	Mimik ...44
Jagen, gemeinsames ...56	Kot von Pflanzenfressern ...59	Mischling ...16
Jaulen ...19	Kotprobe ...37	Mißerfolg, unmittelbarer ...62

135

Mißtrauen 26	Pfotenkontrolle 117	Scheinmutterschaft 17
Mitbestimmung, familiäre 42	Phasen der stillen Beschäftigung ..67	Scheinschwangerschaft 59
Mit-Hund 75	Phosphor 59	Scheu 26, 68
Möchtgern-Held 74	Platz! 90, 121	Schikanierungsprogramm 105
Mode 47	Platz!-Übung 92	Schlafphasen 67
Motivation 95	Polizeisirene 128	Schlafplatz 65, 67
Motivation, verschenkte 104	Prägung 25	Schlüsselbund 85, 121
Motivationshilfe 105	Prostataerkrankungen 19	Schnelligkeit der Reaktion 83
Mundhygiene 117	Provokationen 88	Seilknoten 106
Mundwinkelbelecken 54	Pubertät 54, 102	Selbstbewußtsein 78
Mutterhündin 22	Pyometra 18	Selektion, züchterische 46
		Sicherheit 85, 122
Naah! 113	Quietschspielzeug 33, 106	Sichtkontakt 65
Nabelbruch 21, 24		Siegertyp 42
Nächtigen, gemeinsames 64	Rahmen 43, 78	Signalwort 91, 95, 121, 127
Nackengriff 112	Rangordnung 53, 65, 117, 119	Sitten im Wolfsrudel 49
Napf 102	Rangordnung, soziale 105	Sitz! 80, 82, 90, 121
Napoleon-Syndrom 74	Rangordnungsfragen 86	Sitz!-Übung 91
Narkoserisiko 18	Rangordnungsunsicherheiten 65	Sitz-Platz-Sitz-Steh!-Übung 93
Narrenfreiheit 45	Rangzuweisung 19, 83, 85, 88	Sofa 65, 82
Nasereinstubsen 77	Rassemerkmale 14	Sozialisation 25, 30, 70, 75
Naturvölker 47	Rassen 14	Sozialisation auf Menschen 70
Nein! 97	Rassestandards 99	Sozialkontakte 52
Nenner, kleinster gemeinsamer 48	Rastalocken 117	Sozialverhalten Artgenossen
Nervenstärke 27	Ration 58	gegenüber 17, 19
Nest 67	Raufereien 17, 19	Spaziergänger 54
Nichtbelohnung 81, 83	Regeln des Rudellebens 48	Spielmimik 45
Nonkonformisten 47	Rhythmus 67	Spielphasen 67
Notfall 115	Riechkontakt 65	Spielzeug 67, 106, 107
	Robustheit 16	Sprache der Hunde 44
Ohrenkontrolle 117	Röhrenknochen 67, 106	Sprache, gemeinsame 44
Ohrensalbe 119	Rüde 17, 19	Spritze 80
Ohrfeige 83	Rudel 45	Spurlaut 89
OP-Nachsorge 18	Rudelführer 49	Stachelhalsband 32, 82, 112
	Rudelgenosse 50	Statussymbole des
Panik 26, 80	Rudelmitglieder, rangniedere 52	Rudelführers 87
Partner 43	Ruhestunden 33	Steh! 93
Partnerschaft, gleichberechtigte ...39		Stehphase 17
Passivimpfung 24	Sauberkeitserziehung 31, 78	Sterilisation 18
Pflanzenfresser 56	Schäden, psychische 68	Still! 126
Pflegeinstinkt 28	Scheidenbluten 17	Stillsein auf Kommando 127
Pflegeritual 52	Scheinkämpfe 53	Stöckchen 102

Strafanstalt 67
Strafe 78, 79, 83, 110
Strafe, sporadische 112
Strafen mit der Hand 55
Strafen mit der Zeitung 55
Streicheleinheiten 102
Streß 25
Strukturen, demokratische 42
Stubenreinheit 67, 76
subdominant 57
Symbole der alpha-Stellung 50
tabu 54
Tagesration 105
Teilimpfung 24
Tennisball 107
Tierarzt 15, 19, 70, 104
Tierarztbesuch 41, 79
Tierarzthelferin 70
Tierarztpraxis 70
Tierarztspiel 118
Tierheim 105
Tonfall 44, 79, 113
Tonhöhe 128
Transportkiste 33, 37
Trinknapf 32
Trockenfutter 104
trösten 60
Türklingel 127

Übergangslösungen 63, 76
Überhund 48, 78
Übernachtungsbesuch 75
Übersprungshandlung 29
Ultraschall 124
Umgang mit Artgenossen 53
Unsauberkeit 52, 67
Unterbringung im Kinderzimmer ...64
Unterordnung 86
Unterordnungsübungen 86
Untersuchung 80
Untersuchungstermin 79
Unterwerfung 45

Urahnen 39
Urinmarkieren 52
Urvertrauen 28

VDH 24
Verband für das
Deutsche Hundewesen e.V. 24
Vererbungslehre 16
verfetten 57
Verhalten, alternatives 80
Verhalten, angeborenes 45, 46
Verhalten,
genetisch determiniertes 45
Verhalten, wölfisches 48, 49
Verhaltensmuster 45
Verhaltensmuster, archaische 48
Verhaltensprogramm 46
Verhaltensprogramm,
angeborenes 88
Verhaltensrepertoire,
angeborenes 45
Verhaltensunterschiede,
individuelle 48
Verhaltensunterschiede,
rassebedingte 48
Verhaltensweisen 45
Verkehrsmittel 70
Verständigung, ritualisierte 53
Verständnis zwischen
Mensch und Hund 79
Verstärkung eines Verhaltens 81
Vertrauen 81, 83
Verweigern 121
Vollnarkose 18
Vorbesitzer 30
Vortritt 51
Vorzeigehündin 23

Wachphasen 67
Wälzen in Aas und Kot 56
Warte! 96, 121
Warte!-Übung 97, 99

Wasserpistole 85
Weinen 46
Welpenaussuchen 20
Welpennahrung 32, 90
Welpenpreise 23
Welpenproduktionsanlagen 23
Welpenschule 118
Welpenschutz 53, 73
Welpenspielgruppe 75
Welpenvermittlungsstellen 24
Wesen 17
Wesensmerkmale 14
Wiederauffressen
von Erbrochenem 57
Wiedersehensszenen 107
Wolf 39, 45, 46, 48, 49
Wolfsrudel 45, 49
Würger 32
Würmer 37
Wurmkuren 23, 30, 59

Zahnbelag 117
Zähne, gefletschte 87
Zähneputzen 117
Zahnstein 117
Zahnwechsel 118
Zauberwort 82
Zeitung 82
Ziehen an der Leine 110
Zischlaut 121
Züchter 21, 22, 30
Züchtervereine 24
Zuchtzulassung 23
Zusammenleben,
gleichberechtigtes 42
Zusammensetzung der Ration 58
Zusatzstoffe, chemische 59
Zwanzigmeterleine 121
Zwinger 23, 27, 30, 68
Zwingerhaltung 68
Zwingerhund 69

Literatur

ASKEW, H. R. (1992):
Die Auswirkung einer Kastration auf Verhaltensprobleme bei Hunden.
Kleintierpraxis 37, Heft 12, 805-874.

BRUNNER, F. (1988):
Der unverstandene Hund.
J. Neumann-Neudamm & Co., Melsungen

BUCHHOLTZ, C. et al. (1993):
Leiden und Verhaltensstörungen bei Tieren. Grundlagen zur Erfassung und Bewertung von Verhaltensabweichungen.
Birkhäuser, Basel/Boston/Berlin

DARWIN, C. (1859):
The Origin of Species.

EIBL-EIBELSFELDT, I. (1993):
Sein Schlüssel zur Verhaltensforschung. Herausgegeben von Schiefenhövel, W. et al. Langen Müller, München

EIBL-EIBESFELDT, I. (1978):
Liebe und Hass.
8. Aufl., R. Piper & Co., München

EIBL-EIBESFELDT, I. (1979):
Der vorprogrammierte Mensch.
3. Aufl., Fritz Molden, Wien/München/Zürich

EIBL-EIBESFELDT, I: (1986):
Krieg und Frieden aus der Sicht der Verhaltensforschung.
3. Aufl., R. Piper & Co., München

FEDDERSEN-PETERSEN, D. (1990): Verhaltensstörungen bei Hunden und ihre Ursachen in Zucht, Haltung und Dressur.
Der praktische Tierarzt 4/1990

FEDDERSEN-PETERSEN, D. (1992): Hunde und ihre Menschen.
Franckh-Kosmos, Stuttgart

FEDDERSEN-PETERSEN, D. (1996): Verhaltensstörungen beim Hund und ihre Behandlung.
Der praktische Tierarzt 77, Heft 12

FEDDERSEN-PETERSEN, D. (1993): Genesen des Aggressionsverhaltens von Hunden. Collegium veterinarium XXIV, 104-108

HART, L. und HART, L. (1991):
Verhaltenstherapie bei Hund und Katze. F. Enke, Stuttgart

HEBB, D. O. (1972):
Textbook of Psychology,
W. B. Saunders, Philadelphia/ London/ Toronto

IMMELMANN, K. (1983): Einführung in die Verhaltensforschung.
3. Aufl., P. Parey, Berlin/Hamburg

JAKOB VON UEXKÜLL-GESELLSCHAFT e.V. (1994):
Junghundtraining von Blindenführhunden.

LAWICK-GOODALL, J. van (1971): In the Shadow of Man.
Wm. Collins sons and Co., London

LORENZ, K. (1965): So kam der Mensch auf den Hund. Deutscher Taschenbuch Verlag, München

LORENZ, K. (1980): Das sogenannte Böse. 7. Aufl., Deutscher Taschenbuch Verlag, München

MECH, L. D. (1991):
Der weiße Wolf: mit einem Wolfsrudel unterwegs in der Arktis.
3. Aufl., Frederking und Thaler, München

MOLCHO, S. (1983):
Körpersprache. Mosaik, München

NIEMAND, H. G. et al. (1989):
Praktikum der Hundeklinik.
6. Aufl., P. Parey, Berlin/Hamburg

O´FARREL, V. (1991):
Verhaltensstörungen beim Hund.
M. & H. Schaper, Alfeld

PANKATZ, H. (1993):
Ethologische Untersuchungen und organisatorische Empfehlungen zur Gruppenhaltung von Hunden im Tierheim. Inaugural-Dissertation, Hannover

REHAGE, F. (1991):
„Kampfhunde" – eine Herausforderung für Tierärzte.
Kongreßbericht der Deutschen Veterinärmedi-zinischen Gesellschaft, Fellbach bei Stuttgart

REHAGE, F. (1992)
Hyperaggressivität beim Hund aus der Sicht des praktizierenden Tierarztes.
Der praktische Tierarzt 5/1992, 408-419.

REHAGE, F. (1994):
Wie wär´s mit einem lieben Hund? Das kleine 1x1 der Hundeerziehung.
Informationsbroschüre der Fa. Albrecht & Co., Aulendorf

REHAGE, F. (1998):
Wie werde ich dein bester Freund? Das kleine 1x1 der Hundeerziehung. Teil 2.
Informationsbroschüre der Fa. Albrecht & Co., Aulendorf

TINBERGEN, N. (1969):
The Study of Instinct.
Clarendon Press, Oxford

ZIMEN, E. (1978):
Der Wolf. Mythos und Verhalten.
Meyster, Wien/München

ZIMEN, E. (1989):
Der Hund. Abstammung – Verhalten – Mensch und Hund.
2. Aufl., Bertelsmann, München

QUO VADIS CANIS

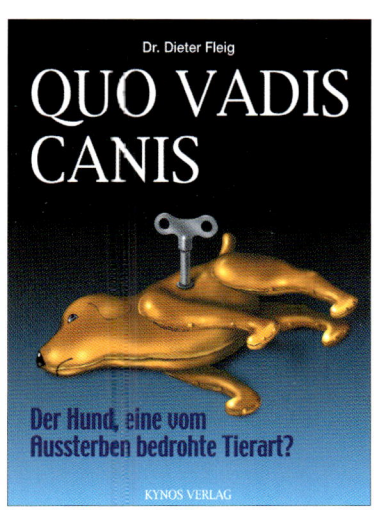

Der Hund, eine vom Aussterben bedrohte Tierart?

Dr. Dieter Fleig

Haben unsere Hunde im neuen Jahrtausend in einer sich extrem wandelnden hektischen Gesellschaft und Umwelt noch einen angemessenen Lebensraum? Können wir unsere Hunde noch artgerecht halten? Welche Schuld tragen Hundehalter, Hundezüchter, Hundeausbilder und Hundeorganisationen daran, dass die *Antihundelobby* - von Medien und Politikern unterstützt - sich immer mehr durchsetzt?

Dieses Buch basiert auf mehr als 50 Jahren eigener Erfahrung als Hundehalter, Hundezüchter, Hunderichter und aufmerksamem Beobachten des Geschehens rings um den Hund. Es dokumentiert Missverständnisse und Fehlentwicklungen im 20. Jahrhundert, weist interessante Wege, wie Zusammenleben und wechselseitiges Verständnis wesentlich erleichtert werden können. Eine Darstellung, die bei den Betroffenen mit Sicherheit Kritik auslösen wird. Wenn diese sich zur Selbstkritik wandelt, eigenes Nachdenken und Handeln auslöst, dann hat dieses Buch sein wichtigstes Ziel erreicht.

Dass wir unsere Hunde auch im neuen Jahrtausend dringend brauchen, welche Fülle an Aufgaben sie zu leisten vermögen - immer zum Wohle von uns Menschen - wird überzeugend dargestellt. Eine vom Aussterben bedrohte Tierart? Nein - aber durch Nichtwissen, Vorurteile und Fehlverhalten des Menschen in Misskredit gebracht!

Alle Verantwortlichen sind angesprochen, dafür zu sorgen, dass unsere Hunde wieder als das angesehen und geachtet werden, was sie sind: Das älteste und loyalste Haustier, das uns auch im neuen Jahrtausend so wertvoll und unersetzlich sein wird wie in mehr als 15.000 Jahren des Zusammenlebens.

ISBN 3-933228-16-6, 208 Seiten, reich farbig bebildert. Euro 23,50 (D).

**KYNOS VERLAG Dr. Dieter Fleig GmbH - Am Remelsbach 30
54570 Mürlenbach/Eifel - Telefon: 0 65 94 / 653 - Telefax: 0 65 94 / 452**